社會學囧很大 4.0
看大師韋伯奈何誤導人類思維

謝宏仁 | 著

五南圖書出版公司 印行

序言

無奈社會學

社會學是一門無可奈何的學問。

各行各業都有其無奈與出乎意料之處，吾人猜想學術界應該也是如此，而目前可以確定的是，在社會學這個領域裡就是如此，有其無可奈何，與意料之外的地方。本書即是爲了表達韋伯的無可奈何，因爲他可能沒想過自己會變成（或要成爲）古典社會學理論的頂尖人物，但一個世紀以來，他被全世界各地學術圈的有名學者接二連三地捧爲大師級人物，於是，社會（科）學的學生也得過無可奈何的學習生活，努力記下大師韋伯的論點，並利用其研究方法希望做出比較像樣的研究。而新進學者們的壓力更大了，他們要想盡辦法讓自己的論文刊登在所謂的指標性期刊，這些期刊的審查者通常是西方主流派學者，勇於批評韋伯卓越見識者，必須冒著比隨波逐流的學者更大的風險讓自己的論文用各種不同的、但常常是不著邊際的理由給拒絕了。簡單說，韋伯也好、其支持者也好，與成千上萬的莘莘學子也好，都有其無可奈何之處，雖然其中有些人日子過得稍微渾渾噩噩些，但自己未曾寫過無奈二字。

其實，這也是一本出乎意料的書。眾所皆知，人生有不少意外，沒想到寫書這件事也是如此。約莫兩年之前，也就是西曆二〇二〇年的年尾，謝某在拙著《社會學囧很大3.0：看大師韋伯因何誤導人類思維》（台北：五南圖書）表明了，關於《社會學囧很大》這一系列的撰寫過程——具體而言，是批評韋伯的大業——將「暫時」告一段落，沒想到在一年又半載之後，吾人又得「重操舊業」，繼續批評韋伯這位大師，這並非計畫之一部，然而不得不爲之。簡單說，對筆者謝某而言，寫與不寫都爲難。但爲何決定撰寫本書呢？可以這麼說，由於一位學術先進，同時也是忘年之交的洪鎌德教授之邀請，而不得不寫。這是因爲在洪教授二〇二一年最新的力作《韋伯法政思想的評析》（台北：五南圖書）的序文當中，論及了他的「擔憂」，前輩認爲後輩謝某（未來）的《社會學囧很大4.0》可能會對他關於韋伯的法律與政治思想的新作「發難」。就吾人的理解，雖然無法百分之百確認，但這八成是在「邀請」我與他進行論戰。

然而，吾人面臨的兩難狀況是：寫了此書，深怕一不小心，用詞欠妥，得罪了這位亦師亦友的長者；若是不寫此書，那麼，更是對不起前輩在學術界累積起來的成就、聲望，與崇高之地位。是故，這是一本意料之外的書，但它不得不寫，不得不被完成。寫作開始進行時，吾人只得時時提醒自己在用字遣詞以及論述的口吻上得更加細心一些，深怕因爲一時疏忽而對不住這位樂心提攜後進的長者。這位長者正是洪鎌德教授，至今他仍不間斷地從事教學與寫作的工作。就教學而言，幾十個寒暑以來，受其啓發的學生堪稱難以計數；論其研究能力，更讓年輕學者感到望塵莫及，姑且不論已刊登之期刊論文，單單是專書就已超過五十本，如此堅毅不拔之精神，著實讓身爲後輩的謝某由衷敬佩，深感自己永遠只能在其背後氣喘吁吁地追趕著。但追趕也是吾人唯一能做的事，所以，也就轉化成了撰寫這本小書的動力。

此《社會學囧很大》系列，分別由簡稱的《社囧1.0》、《社囧2.0》、《社囧3.0》與本書《社囧4.0》所組成，每一本有著細微差異的副標題，讀者如果沒有仔細看的話，可能會被忽略過，這就有點遺憾了。因此，似有必要在這裡說明一下。四本書的副標題所含之疑問詞之順序分別是：「如何」、「爲何」、「因何」與「奈何」等四個語詞，前三者的意思相差無幾，但最後一個選擇「奈何」的主要原因，是這個詞除了與另外三者有著相同的意思之外，同時，吾人也想要暗示一個可能性，那就是：韋伯可能沒有意思，也沒有意願要讓自己成爲社會學古典三大家之一，畢竟在韋伯他的時代裡，社會學系應該還沒有開始招生。筆者謝某以爲，韋伯的名氣大部分是靠後世學者所吹捧出來的。而本書所批評的四位韋伯專家即爲代表人物，就是像他們這樣的人，繼續拱韋伯出來扮演古典社會學巨擘的角色。這也就是說，韋伯也是在無可「奈何」的情況下，無意間地成爲了眾人學習，甚至是膜拜的對象啊！簡言之，筆者使用奈何一詞，除了和先前的如何、爲何與因何三者同義之外，更想要做的是，暗示韋伯極可能是在情非得已且無可奈何的情形之下，他順勢浮上了檯面，雖然韋伯內心也可能很想藉其著作而出名，但我們不可能完全排除他是學術界少見的淡泊名利者。

習慣漸成自然，世上幾乎不再有人懷疑韋伯到底有沒有資格成爲大師？反正，師長們都是這麼教的，有主見的大學生則還在培養當中，所以，「剩下來」的只得繼續將師長的諄諄教誨奉爲圭臬，將韋伯的著作視爲經典，然後站在老師後面，拿著香跟著拜，三不五時地，在讚頌的音樂聲中，還夾雜著師長與學生背誦著韋伯留下來的隻字片語。正當人們還在想著社會學大師爲大伙兒留下來的非物質文化遺產之時，不經意地，大師韋伯也離開我們一個世紀了，讓人不勝唏噓。只是，最近有人聽到了美妙音樂裡有些雜音，一開始，人們還不太相信，但樂曲裡的原有音符因爲受到干擾而變得不再清晰。決定離開的人一個一個地走了，留在原地者面面相覷，似乎還在等待著他們想要的答案。吾人相信，這群人要的，在短時間裡不會出現，他們會繼續無可奈何地學習社會（科）學，與韋伯一樣，與百分之九十九點九的學者一樣。

過去十年的歲月裡，筆者謝某有幸看到一個本人「專屬」的編輯團隊正在形成，人數不多，但個個身懷絕技，能將作者腦海裡的虛幻想法變成實體的創作，讓最新鮮的想法得以在後輩的思維中成形與茁壯。她們是五南圖書公司的專業編輯者，也是一群女力的代表人物，包括副總編劉靜芬、責任編輯林佳瑩、美術編輯姚孝慈等，如果這本書可以贏得掌聲，那麼，她們才是值得獎勵的對象。最後，家人的陪伴看起來平凡無奇，但沒有內子淑芳與兒子耘非的朝夕相處，這本小書的完成，也頓失其意義。

謝宏仁

序於　輔仁大學羅耀拉大樓三〇二室

二〇二二年一一月二日

目次

導論　四個理念（類）型的學術圈

本書《社會學囧很大4.0》之撰寫開始於意料之外的一句話，這應該也可以視之爲歷史研究的偶然吧！?不可思議地，竟與大師韋伯的資本主義在宗教改革後的某一天開展一樣地難以預期。筆者謝某的忘年之交洪鎌德前輩在其二〇二一年之力作《韋伯法政思想的評析》之序言中提到了，他這本專書出版之後謝某之「4.0版可能會對本書發難也說不定」[1]。這句話在吾人讀了之後，認爲是前輩向謝某邀約，於是成了《社囧4.0》撰寫的意外源頭。

話說二〇一九年年底，吾人收到了來自香港中文大學《二十一世紀評論》編輯的來信，是要吾人撰寫一篇文章來紀念韋伯逝世一百週年。當時，我回絕了，原因有二，其一，謝某才剛剛寫好韋伯的專書《社會學囧很大2.0》[2]，身心處於略微疲憊的狀態；其二，吾人的專長在於批判韋伯，紀念的文章超乎我能力所及之範圍，於是，在回覆的郵件中，我推薦由洪鎌德教授來撰寫，之後的事，謝某就不清楚了。但看起來，前輩是接受了該期刊的邀約，爲其撰寫了一篇名爲〈韋伯國家觀的析評〉[3]的文章，而這篇文章，後來也收錄到前輩的《韋伯法政思想的評析》年度力作之中，遂成爲吾人「發難」的對象了。

既然吾人的前輩兼好友洪鎌德教授向謝某邀稿了，吾人絕對沒有推辭的理由，況且這些年來，吾人所批評的韋伯支持者們個個都是有頭有臉者，不討論鎌德前輩的著作，心中難免產生對不起他的感覺。簡單說，這本書可說是一件不得不做的意外產品。

洪鎌德教授的「邀請」是撰寫此書的主因，但還得對幾位知名的韋伯專家的論點進行一番討論，本書才可能完成，那麼應該如何挑選出像前輩洪鎌德教授一樣，具有高知名度，且在社會學享有盛名的學者或研究人員呢？此時，吾人的確遭遇困難了，畢竟要在全球這麼大的範圍裡找到另外三名等級差不多的人來與洪教授匹配，這可不能任意爲之，必須有足夠的理由才能服人。經過數個月的思量之中，並且借用了大師韋伯的理念型操作方式，雖然理念型之唯名論，讓人們在現實中找不到一模一樣的事物來與之對應，但是它卻可以讓我們將全球社會學領域分爲四大類，包括繁體華文學術圈、簡體華文學術圈、美式英語學術圈，與英式英語學術圈等，這四個學術圈已經在全球社會學界占據很大的比重了。當然，其他的學術圈絕不是不重要，相反地，這些相對較小的圈子各自有其存在理由。另外，基於謝某的本土意識，洪鎌德教授必定得放在第一位，也就是繁體華文學術圈的韋伯專家。那麼，另三個學術圈的韋伯專家是誰呢？他們分別是簡體華文的蘇國勛教授、美式英語的史蒂芬．卡爾博格（Steven Kalberg）教授，與英式英語學術圈的安東尼．紀登斯（Anthony Giddens）教授。吾人相信他們在各自的圈子裡都享有極高的知名度，應該足以配得上洪鎌德教授在繁體華文學術圈的位階才是。那麼，在本書之中，我們將會依序討論這四位韋伯專家，他們都在自己的圈子裡擁有盛名，相信他們對韋伯學說都有各自的理解與領悟。

另外，就歷史資料而言，因為先前的拙著中已引用了不少過去曾經發生過的事，同時應該也是韋伯及其支持者不曾發現的事。相同地，在本書中仍然會使用到發生在其他地區的例子，當然，謝某會儘可能地選取不同的經驗事實，以避免重覆，因為若是重覆的話，讀者在閱讀的過程中，將頓時失去興味。除非不得已，或者是極其重要之例，否則這將會是本書寫作時的指引。另外，本書將對於韋伯的出生背景、政治立場與偏好等，付出稍多的關心，至於韋伯對於德國爭取國際地位的看法，以及韋氏對於帝國主義的支持，其堅持與英國結盟以及向海外擴張等，則可能與人們先前所認識的韋伯有不小的差異，也請讀者先做好心理準備。至於已經討論過的主題，像是理念型[4]、價值中立[5]、理性（主義）[6]等，如果必須述及的話，我們將簡略地帶過。

與前三冊不同，本書的各個章節因為重要性略有差異，也因為畢竟這是以繁體華文書寫，作者難免受到自己的研究偏好所影響，是故主要章節在長度的考量上，前面兩章為華文學術圈，分別是第一章〈繁體華文學術圈的韋伯專家：洪鎌德〉（簡稱〈洪鎌德〉專章），與第二章〈簡體華文學術圈的韋伯專家：蘇國勛〉（簡稱〈蘇國勛〉專章），將占本書相較最大的篇幅，大約占據前四章主要論述近百分之六十的比例。後面兩章則探討英文學術圈的韋伯專家，包括了第三章〈美式英語學術圈的韋伯專家：卡爾博格〉（簡稱〈卡爾博格〉專章），與第四章〈英式英語學術圈的韋伯專家：紀登斯〉（簡稱〈紀登斯〉專章），與先前的兩章相比的話，後兩章的篇幅較小，也可以說，後面兩篇文章會寫得相對精簡些。當然，這四章是本書之要點所在，應該可以從中看到韋伯如何受到各大學術圈之倚重。第五章〈結論：總得找回走失的韋伯〉，因爲韋伯已經走失了，想必粉絲們很緊張，而安撫他們唯一的方式就是找回韋伯。此時，鐵粉們正思念著其心中的大師，帶著幾分憂鬱的眼睛，其表情顯露出之獨特氣質，就算想學也學不來的。

接下來，我們就進入四個學術圈裡，與那兒的韋伯專家們，禮貌上先話家常一番，依序將是洪鎌德、蘇國勛、卡爾博格與紀登斯教授。

對話就此開始。

◆註　解◆

[1] 洪鎌德，《韋伯法政思想的評析》（台北：五南圖書，二〇二一），第i頁。

[2] 請參照，謝宏仁，《社會學囧很大2.0：看大師韋伯為何誤導人類思維》（台北：五南圖書，二〇一九）。

[3] 洪鎌德，〈韋伯國家觀的析評〉，《二十一世紀》，第一七九期，（二〇二〇，六月），香港：中文大學，中國文化研究所，頁四~十九。

[4] 關於價值中立之相關議題的討論，請參見，謝宏仁，第一章，〈但理念型還是魅惑了韋伯〉，《社會學囧很大2.0》（台北：五南圖書，二〇一九），頁一五~六八。

[5] 關於理念型之相關議題的討論，請參見，謝宏仁，第二章，〈隱身在歷史研究中的「價值中立」〉，《社會學囧很大2.0》（台北：五南圖書，二〇一九），頁六九~一一三。

[6] 關於理性（主義）之相關議題的討論，請參見，謝宏仁，第一章，〈理性的船航行在歷史的海〉，《社會學囧很大3.0：看大師韋伯因何誤導人類思維》（台北：五南圖書，二〇二〇），頁一七~六〇。

第一章　繁體華文學術圈的韋伯專家：洪鎌德

聽母親説過幾次，在她很小的時候被她的媽媽，也就是我的祖母，在空襲時用方巾綁在背上趕緊跑到防空洞避難。之後，二戰結束了，百廢待舉，可以吃的東西很少，也許是窘迫的環境造就了母親那個世代的人，擁有了寬容的心，即使對陌生人也是如此。幾年前，隔壁阿姨家的舊房子租給了一位歐巴桑賣檳榔，母親對這位外地來這小農村討生活的人無比寬待，每次我回鄉探望她與父親時，看她總是爲這位歐巴桑準備三餐，有時候她嘴裡還會唸著：「人母湯計較。」算是對我這個中年兒子的機會教育，她要我寬心待人，也就是要常保一顆寬容的心。我相信生長於那個世代的人都有一顆寬容的心，會選擇原諒別人的錯誤，學術界也可以找到這種例子。

我們即將討論的學者得先具備兩項條件，其一，此人得有一顆寬容的心；其二，還得是位韋伯（Max Weber, 1864-1920）專家。倘若我們在以繁體華文爲主要寫作語言的學術圈裡，想要尋找一位符合這兩個條件者，那麼吾人以爲，最有資格者應該是洪鎌德教授[1]。以洪鎌德教授出生的年代來看，第一個條件是毫無問題的；至於第二個條件，謝某相信，只要看看以下這一段話，應該就足以說明洪鎌德教授的確是這個寫作圈裡的最佳人選。這段話出現於洪鎌德教授爲晚輩謝某所撰寫的專書的序言裡。

具體而言，洪鎌德教授在爲吾人二〇一五年的拙著《社會學囧很大1.0》[2]撰寫推薦序時，吐露了他對韋伯的看法，他說：「就像一般社會研究者，我對韋伯的平生、志業和學問十分佩服，不只在留學德奧六、七年間遍讀他的德文著作，還在慕尼黑大學教授德國學生韋伯的科學方法論（瞭悟和解釋社會行動的意義、理念類型、事實和規範的分離、多元價值觀等），後來藉講學的機會把他的學說在星、台、中國大力傳播……還出版《從韋伯看馬克思：現代兩思想家的對壘》（一九九八）……來比較和評析馬克思和韋伯的同異。」[3]當然，從拙著的副標題——看大師韋伯如何誤導人類思維——來看，洪鎌德教授與謝某對韋伯的看法差別甚大，前者多爲讚美韋氏之說，後者則充斥著質疑韋伯貴爲古典社會學三大家之一的「標新立異」之論點[4]。看來，這場論戰似乎早已註定，只是發生的時間或早或晚而已。

洪鎌德教授應該是少數能在德國大學教導韋伯學生的外國人，如此不凡的經歷，著實讓謝某感到難爲情，深怕自己沒有能力將本文寫完，畢竟吾人是在討論這位如此響叮噹的人物對韋伯學說的看法。不過，頭已經洗了，總得將泡泡沖乾淨才行，台灣有句俗語就是這樣的意思，事情不能只做一半，必須完成才好交待。那麼筆者謝某只得努力爲之。

本文的結構安排如下，首先，我們討論大師韋伯不爲人知的一面，包括其政治立場、對魅力型領袖情有獨鍾，以及韋伯的「價值（不）中立」；第二，我們再檢視資本主義與新教倫理兩個理念型之間的關係，這一小節的子題包括：上述兩個理念型前後順序的調換、韋伯對資本主義的簡單定義但卻想回答複雜的問題，以及英國是韋伯政治性資本主義典範；第三，我們討論韋伯與宋巴特（Werner Sombart, 1863-1941）先生之間的辯論，其中的重點包括了知識傳播與環境的關係、奢侈與資本主義，以及新教倫理源自猶太教義；第四，韋伯的「三位一體」是歐洲「獨特性」的緣由，這值得留意，包括了合理化、資本主義，與現代國家三位一體；第五，我們還得再談英國問題，但這一小節，我們得先談韋伯的中國問題，接著再強調一次韋伯如何嚴重地受到理念型這項概念工具的制約，之後，我們才能再談韋氏所留下的英國問題；最後，總結本章的發現。緊接著，我們開始展露韋伯在過去的歲月裡，相對較少被論及的點點滴滴。

大師韋伯不為人知的一面

在這一小節之中，筆者謝某的心裡並不存在揭人隱私之意圖，吾人亦相信韋伯身爲大師級人物，做事光明磊落，應當會堅持他過去所信仰者，以及用自己的一生去追求他認爲對的事物，像是學術、政治等。

這裡，我們再分為三個子題來討論，其一，就像是對待學術那樣，韋伯也以政治為其一生之志業，是故，我們有必要瞭解他的政治立場；其二，法理型權威是韋伯告訴我們，這是西方國家比非西方發展得更好的、更值得驕傲的一種治理方式，但可惜這只是口惠而已，韋伯並不做如是想；其三，與大家的想法些許不同，價值中立在韋伯的腦海裡只是浮光掠影、稍縱即逝的概念而已，絲毫不具重要性。這裡，我們得先瞭解一下韋伯的政治立場。

支持海外擴張的政治立場

這一小節之中，讀者可能會感到震驚，大師韋伯怎麼可能會支持帝國主義呢？另外，對殖民主義也應該感到不安才對？這麼說，如果海外擴張是帝國主義、殖民主義必要的過程，那麼，韋伯的的確確就是一位支持帝國主義的大學者了。我們得先借用一下洪鎌德教授對韋伯的介紹，他說：

青年韋伯一方面受到其父保守的自由主義之形塑，一方面又迎接其姨丈開明的、進步的自由派思想，可以說年紀輕輕便成爲國族自由主義（National-Liberaler）。……韋伯……在與姨丈爭論中培養出冷靜、**客觀**（粗體爲吾人所加）和獨立的判斷（Mommsen, 1974: 7）。姨丈的啓誨是把這個好學深思的侄兒從其父親狹隘的國族觀解放出來，使年輕人（韋伯）看透俾斯麥體系的內在虛弱。此外，姨丈傳給他的**政治之核心在推出才能出眾的領導人**（粗體爲吾人所加）和培養公民判斷公務是非的能力（Mommsen, 1974: 12）。

姨丈的論敵爲鼓吹國族主義的大史學家特萊奇克（Heinrich von Treitschike, 1834-1896），此君對俾斯麥統一全國功勞大爲讚賞，其聽課學生也受鼓舞成爲首相的信徒。青年韋伯對其同窗的英雄崇拜大不以爲然，常加辯駁。**他指摘特萊奇克學術客觀的不足**（粗體爲吾人所加）。但在柏林大學這位深思熟慮的大學生（韋伯）卻上了史學家（特萊奇克）兩門研究生課，特別是「政治學」，而把其中的菁華加以吸收，這包括權力的概念……韋伯著名的佛萊堡大學就職演講（1895.5.13），主張第二帝國應成爲世界列強之一，這種霸權思想源之於特萊奇克**海外擴張說**（粗體爲吾人所加）[5]。

以上這兩段話，諸論點值得深究之，特別是在吾人略加強調之處。首先，一開始我們也許可以花點時間略微談論一下「自由」兩個字，無論是韋伯父親「保守的」或是其姨丈「開明」又「進步」的自由主義。試想，第二帝國若希望能向海外擴張，並且贏過其他列強，那麼，列強之間的爭戰必然導致死傷，被列強侵略的弱小國度之損失——無論是性命或財產——鐵定是不計其數。所以，韋伯堅持學者在進行研究的同時，應該秉持「價值中立」，然而，他對於列強在「價值判斷」之後，決定用更進步且更具殺傷力的武器向海外占領所謂的「無人之地」時，反而認為這是理所當然，那麼在這裡討論「保守的」或「開明又進步的」自由主義[6]應該沒有什麼用處，所以我們也就沒有討論，只是提及而已。

其次，二者——先是研究，後是政治偏好——是韋伯繼承自他姨丈之思維，具體而言，前者是「客觀」，後者則是「政治之核心在推出才能出眾的領導人」。客觀而不受外物所影響，是韋伯價值中立或價值祛除概念下的表現；政治的核心是推出才能出眾的領導人，雖然以下的說法不易證明，然而吾人相信這樣的「核心」，讓韋伯轉向支持天縱英明的領導人，並且認為只有卡理斯瑪的領袖才可能帶領德國走向歐洲、甚至全球霸權。簡單說，前者主張價值中立，後者似乎將韋伯自己的主觀偏好放入其政治學的概念之中，二者之間存在矛盾。再次，按理說，韋伯應該不太喜歡自己姨丈的政敵特萊奇克才對，特氏是當時德國知名的歷史學家，他讚賞俾斯麥一統全國，帶著他的學生成為俾氏之信徒，這與韋伯分處於天壤之間，沒有對話的可能。可想而知，韋伯不可能相信特萊奇克在學術上是客觀的，主因應該在於特氏支持俾斯麥的立場，使得韋伯無論如何也不可能會認為特氏是客觀的、價值中立的。此時，韋伯對特萊奇克的（偏頗）看法，剛好也是吾人對韋伯的看法，不可能客觀中立。

第四，總是在不經意時，不曾忘記用少許字句讚美韋伯的洪鎌德教授認爲，當時在柏林的韋伯，雖然不認同特萊奇克，但卻在他的教室裡上了兩門研究生的課，其中值得一提的是政治學。在此課程之中，這位「深思熟慮」的大學生將這門課的菁華——特別是權力的概念——加以吸收。一八九五年五月十三日，韋伯便於佛萊堡大學的就學演講時，主張第二帝國不應該滿足於歐洲列強的位置，更應該擠身世界列強之境地，這種韋氏霸權思想之根源在於特萊奇克的「海外擴張」說，很可能，韋伯清楚地知道，在海外多取得一塊殖民地，奪取更多殖民地的資源[7]，就可以像英國一樣累積更多財富，爲下一輪列強之間的競爭作足準備。吾人以爲，這應該是韋伯支持海外擴張的緣故。

最後，可以確定的是，韋伯絕非一位人道主義者，因爲韋伯視列強向海外擴張爲理所當然，德國不應該是例外，首相俾斯麥於一八九〇年垮台之前，這位鐵血宰相在韋伯的眼裡，可沒有什麼值得讚美的。韋伯對俾斯麥的批評就是「氣度狹無容人之量，不能被視爲大破大立的政治家，而是**靠官僚系統施政**〔粗體爲吾人所加〕的統治者。因爲政治家需具**狂熱的本質**〔粗體爲吾人所加〕和負責盡職的精神。俾斯麥的外交政策只想在歐陸稱霸，而無意擴大海外殖民，此與韋伯期待的連結英國成爲世界強權（Weltmacht）之理想相違」[8]。韋伯於一九一八年年底表示，德國老早就該取得英國的諒解，進而尋求合作，

「這不僅基於單純政治考量，更是由於共同文化的理由[9]」。洪鎌德教授繼續談到俾斯麥的作法如何使得韋伯感到不滿，他說：「令大學者（韋伯）難堪的不是首相（俾斯麥）的軍國主義和跋扈專斷，而是……阻止社民黨發展勢力[10]……這也導致老韋伯在國會無法連任。韋伯認爲俾斯麥的建艦政策……（是）導致德國人仇恨英國的主因，而無法達到他德英聯合的願望。」[11]在洪鎌德對韋伯的評論中，筆者謝某實在看不到韋伯這位傑出的政治學者如何堅持價值中立（或價值祛除）的明確作法，不過，倒是看見了韋伯的政治信念、政治活動受到其情緒之影響，簡單說，韋伯根本不想討論自己不同於俾氏的政治理論，或者利用相關的研究來說明俾斯麥與其支持者的論點之不合理處，看起來是，韋伯一想到首相這個人，便立刻忘記了研究者不應該因爲自己欲堅守某種價值，就反對所有與自己價值不同的人與其想法。

關於法理型權威的謊言

我們詳細地討論上述韋伯批評俾斯麥的段落，看起來，韋伯不像是在討論關於政治的學術問題，這就有點讓人感到失望了。這裡，還有讓人更遺憾的矛盾之處，是關於韋伯的法理型權威，這應該是比起傳統型、魅力型（卡理斯瑪）權威更讓韋伯覺得自豪的治理類型才對，但事實上，韋伯自己卻不喜歡他向我們推銷過的法理型威權，這倒是讓人訝異的發現。以下幾點可以證明法理型權威並非韋伯想的那樣，就國家治理而言，是發展的最高階段。

第一，吾人相信俾斯麥應該有其政治理念、想法與作法，只是大師韋伯看到的卻是俾斯麥的氣度小而難以容納他人，俾氏沒有狂熱的心，這不是韋伯所喜歡之天縱英明的或卡理斯瑪型（Charismatic）領袖，對於韋伯來說，民主是什麼呢？他說：「民主爲反專制轉化爲卡理斯瑪統治的過渡。」[12]只是，還記得韋伯爲我們建構的三種權威的理念（類）型，分別是，傳統型、卡理斯瑪（天縱英明）型與法理型權威。韋伯告訴我們傳統權威不可信，天縱英明可能導致獨裁統治，法理型權威則是最值得追求者。過去我們相信韋伯了，現在我們卻看到韋伯自己拋棄了法理型權威，轉身擁抱天縱英明型領袖，爲了他想要看到德國可以進入歐洲列強的行列，這一點，我們在稍候的章節裡還會再談到。

第二，因爲韋伯偏好卡理斯瑪型權威，在責備俾斯麥時，竟然說俾氏只能「靠官僚系統施政」，但這樣的系統不是被韋伯視爲西方勝過東方的重要關鍵（之一）嗎？的確如此，只是爲了達到批評俾氏之目的，此時，法理型的官僚系統反而淪爲被韋伯批評的對象了，而帶有個人英雄主義色彩的卡理斯瑪型權威出人意料地成爲韋伯最愛者，因爲韋伯相信只有這樣的人才可能帶領德國以臻歐洲列強之境，但難道韋伯支持帝國主義嗎？若是，這眞會讓人目瞪口呆啊！第三，韋伯告訴我們，西方之所以爲西方，就是因爲發生在各方面的「理性化」，這東西是別人沒有的，只在西方才得以找著。「理性化」應該大略地與「除魅化」有關，因爲它發生在方方面面與各行各業，也應該包括政治界，這應該沒有疑問才是。但是，韋伯爲了要批評俾斯麥，竟然要我們忘了理性化這種西方才找得到的東西，反而要我們找尋俾斯麥身上的「狂熱的本質」，明顯地，這絕非是德國官僚系統的去魅化或理性化的過程，反而是該理追求法理型權威的再魅化或重回非理性化之境。

第四，韋伯似乎苛責了俾斯麥的「好意」了，因爲俾氏好像不想到海外去占領那些無主之地，也無意去傷害了原本住在那兒的人民。但是，韋伯心想著，只在歐洲稱霸如何能夠與列強競爭？確實不容易。當時的英國在非洲所占領的土地幾乎已經從北到南貫穿整片大陸了，韋伯主張會對德國產生助益的途徑，將會是與獲得最佳成就的英國結盟，這是在「工具理性」的考量之下得知的最佳選擇。令韋伯感到不滿的是，俾斯麥竟然只想將德國的勢力侷限在歐洲大陸，這讓韋伯感到十分失望，因爲韋伯認爲缺少「狂熱的本質」的俾斯麥不可能帶領德國擠身列強的行列。以上，我們得知韋伯支持德國向海外擴張，爭取更多的殖民地，掠奪其地上與地下値錢的東西，送回母國，進而累積更多的財富，如此的話，才有足夠的資源在世界上占有一席之地。

看起來，韋伯支持殖民主義、帝國主義（與重商主義）的心態昭然若揭。另外，國家的力量在積累國家資本時所扮演的重要角色，韋伯似乎是注意到了。接下來，我們還得看韋伯另一個不爲人知之處，那就是「價值（不）中立」，這是因爲韋伯能做的，就是與價值中立一直保持著適當的距離，如果不是漸行漸遠的話。

價值（不）中立

先前，我們已經大略地討論了韋伯的霸權思想，洪鎌德教授告訴了我們這個學術界沒有太多人知道的秘密，謝某認爲洪鎌德前輩似乎是堅持著對事實的客觀描繪，並且遵循著韋伯的「價值中立[13]」之信念，可惜的是，韋伯自己似乎不是那樣地在乎其政治立場，是否還能讓他的價值（觀）保持著中立的樣態。

從上面的分析中，我們已經看到了韋伯要我們堅守他的價值中立之信念，但他自己卻嚴重地受到其內心不滿俾斯麥之情緒的影響，將政治視爲志業的韋伯[14]，其判斷還是不免受到心情的影響，特別是想到俾斯麥竟然想著要德國「霸權」限制在歐洲境內時，韋伯應該老早忘了價值中立這件事。

接下來，韋伯也是經濟學家，那麼，德國的經濟學家應該如何才能做到價值中立呢？筆者會這麼問，是因爲一個人內心的期待可以影響其作法，如果這個人恰好是一位研究者的話，很可能從研究主題的選擇開始，就被內心的想望所左右了。因此，堅持價值中立的韋伯對於經濟學家，特別是德國的專家們，他會下什麼指導棋呢？多數的學者心裡馬上浮起的語詞應該是客觀、中立與價值祛除之類的，但洪鎌德教授有不同的看法，在說明韋伯的「國族式的權力國家和大國夢想」時，洪教授說：

> 國族式的權力國家或稱民族的權力國家（der nationale Machtstaat）是韋伯對第二帝國的期待。……他（韋伯）說經濟政策的科學就是政治學，它不在爲權力者或統治階級日常處理的行政服務，而在保衛國族長期的利益。這不只顯示他學術生涯的開端，更鋪排他政治思想的綱目。其中以易北河東岸農民之調查談起，認爲國民經濟就要討論德國作爲一個國族（Nation）的經濟狀況，因此自認爲「經濟國族主義者」。他（韋伯）說，一位德國經濟理論家的經濟價值設準必須是德意志的，這聽來和他之後所主張的學術工作應卻除價值**完全衝突**（粗體爲吾人所加）。……這種追求權力國家的理想成爲韋伯大國的美夢之一部分，另一部分爲**精明領袖**（粗體爲吾人所加）與遵守秩序有紀律的國民所組成的民族國家【15】。

這裡，謝某必須肯定洪鎌德教授終究批評了大師韋伯，即使我們從其著作的氛圍裡不難感受到他大抵是站在支持韋伯學說的一側，然而，即使僅僅是點到為止，吾人都予以肯定的態度。上述這段話裡，有幾個論點值得再思，例如，先前我們已經討論過了的卡理斯瑪權威，與天縱英明的領袖，這才是韋伯的偏愛，其他還有以下幾點，多少也應該與價值中立有關。特別是洪鎌德教授在其《韋伯法政思想的評析》這本專著的封底之本書特色直白地說出了一句其內心深處的話，他說：「〔洪某〕雖達高齡仍撰述不斷，唯願與年輕朋友共享西洋哲思之眞善美。」[16]是故，可想而知，與洪教授不同的是，筆者謝某雖然聽說過西方思想的美好，但可能是吾人個性當中有一部分難以調教，所以總是希望在音量有點過大的讚美聲中，找到一些西方學者以及（東方或非西方）支持者的語病並且加以調侃之，謝某這種心態實不足取，特別是和那些專注於知識累積並加惠後世的學者相較之下[17]。

首先，韋伯希望第二帝國最終可以變成國族式的權力國家，這是他心目中的理想（類）型，是他熱切盼望者，可惜俾斯麥似乎不能讓韋伯美夢成眞，是故，相信韋伯在他任何的研究之中，應該會極力排斥所有支持俾氏政策的有關論點，這應該是合理的推論。其次，在韋伯的時代，大學的某個學科要其學科努力追求之事物，恐怕不是知識的客觀性與合理性，反而是為了完成研究者本人內心之所欲事物的學科，例如政治學——經濟政策的科學——存在的目的是為了維護「國族長期的利益」，與合理化其「政治思想的綱目」。第三，韋伯身爲一位「經濟國族主義者」，他希望所有的德國經濟學家都像他一樣，所有談論的觀點，均須符合「德意志」的國族利益，他的易北河東岸農民的調查報告就是一個顯例。

以上三者，充分說明韋伯的「價值中立」或「價值袪除」根本是在放入他自己的價值於其研究之後，才要人們努力去遵守的信條。這麼說，韋伯根本就不相信自己提出來的概念，或者是他建議大家盡力去做他根本就做不到的事。雖然看似無可厚非，畢竟是知識分子對於母國的一份熱情，此類精神的確應該傳給下一代。但不是說好的，要價值中立嗎？百年來，應該有爲數不少的學子相信過韋伯的價值中立。然而，眞實的情況是，當年如果有德國經濟學家分析出來的結果不利於德國的經濟發展，而有利於敵國呢？吾人相信這樣的論文不可能被刊登在韋伯與其同僚合辦的期刊《社會科學與社會政策文庫》裡才對。

資本主義與新教倫理

韋伯的《新教倫理與資本主義精神》是一部膾炙人口的大作，超過一百年了，社會（科）學的學生幾乎都能談上幾句這本傑作的重點，當然可想而知，這也會是洪鎌德教授在其大作《韋伯法政思想的析評》中談論的重要議題。這一小節當中，我們再分幾個部分加以討論，包括資本主義與新教倫理二者順序的調換、（資本主義之）簡單定義與難解問題，與進步的英國反而成爲韋伯之合理性資本主義的偏離者。

兩個理念型在前與在後的區別

吾人對於韋伯的兩個理念型——新教倫理與資本主義（精神）——的排列方式有點意見，所以在這一小節的副標題做了點手腳，將它改爲「資本主義與新教倫理」，吾人相信二者的順序變更之後，可以解決幾個小問題，吾人所持的原因有以下幾個。

首先，如韋伯所言，新教倫理與資本主義精神二者沒有因果關係，只有親合關係，然而，吾人已經證明了韋伯的確有意圖將兩者的親合關係包裝成因果關係[18]。如果韋伯的心裡眞的認爲新教倫理與資本主義（精神）只有親合關係的話，那麼韋伯應該會同意吾人調換了資本主義與新教倫理才對。其次，儒家倫理也看得到資本主義精神，調換之後，可以讓讀者不再受到韋伯的誤導，以爲只有新教倫理才可能產生資本主義，其他宗教的倫理不只是無法促進資本主義的誕生，還因爲「傳統」價值阻礙了資本主義精神的產生，進而與資本主義無緣[19]。

第三，不一定要先某種「精神」——極籠統地稱之爲「資本主義」精神——簡單說，謝某不認爲世界上的某個地方、區域要產生資本主義之前，一定得有某種適合資本主義的精神必須先誕生之後才行。這裡，我們回頭想想韋伯所堅持的想法其實也就是資本的累積，或稱資本積累。大師韋伯所說的，多數人會同意，假設筆者謝某也不例外，那麼存了一筆資金之後呢？韋伯給我們的說法不難理解，他說這些人——具體而言新教徒——不會拿錢去享受，反而拿錢去投資可以賺（更多）錢的事業，於是，資本主義於焉產生，在一種沒有辦法預期的情況底下。那麼，什麼是資本主義呢？其實也不難懂，韋伯告訴我們，資本主義與理性、理性化有關。這裡，我們得借助繁體華文的韋伯專家洪鎌德教授的說法。

簡單定義與難解問題

年輕時曾經在慕尼黑將大師韋伯的學說傳授給德國學生的洪鎌德教授，是這麼看待理性（化）與資本主義的。其實，韋氏對資本主義的定義很簡單，只是韋伯想回答的問題太過複雜而已，最終難免會感到力不從心。關於資本主義，洪鎌德教授如是說：

> 韋伯……對資本主義的產生、發展和結果均抱持熱烈探討的興趣，因爲這個歷史新現

象是**獨特的**（粗體爲吾人所加），其影響面不限於歐洲，甚至擴大到全球。……其間……生產效率成爲新的社會價值，它是以理性、創意爲美名，對人力做無情的壓榨與剝削。在資本主義崛起的時代，經濟行爲以利益爲取向，只要能夠賺錢擴大利潤，**什麼手段皆可使用**（粗體爲吾人所加），皆可被合理化、正當化……。

由是可知韋伯把資本主義看成以合理和**合法的手段**（粗體爲吾人所加）、藉市場的供需、利用會計、簿計的得失精算、在法律與官僚的協助下，達到資本家謀利致富的目標。資本主義乃是一種「經濟體系」，但這種經濟體系卻展現不同的面貌，**在古代家長制之下爲政治性的資本主義，在近現代則顯示合理性的資本主義**（粗體爲吾人所加）。

所謂政治性的資本主義，是指利潤和利益的謀取要靠國家的協力才有可能達成。這種以「政治爲導向的資本主義」（politisch orientierter Kaptialismus），其謀取財政上的利潤是靠國家發動戰爭，流血爭財，或是藉國家對外殖民、掠奪殖民地的資源，或靠國家或其代理人進行「非正當的金錢交易」。[20]

以上的說法其實不難懂，稍微有些教育背景的人們應該都會說他們聽懂了，但是，有幾個論點應該再探討之。

首先，理性、理性化這種如此簡單的東西竟然只有西方才有，這才是韋伯學說難懂的地方，西方以外的其他地方怎麼可能找不到理性或者理性化的過程，這是讓資本主義成長的必要條件呢！換句話說，生活在西方世界以外的人，怎麼可能總是學不會為其自身的生活找到更具效率的方式進行呢？這當然不可能。是故，吾人在《社會學囧很大1.0》裡的第一章〈儒家倫理與資本主義精神〉，就試著去找韋伯認為只存有新教倫理的幾個重要因素，像是理性化、可計算性，與視勞動為義務等，事實上都可以在儒家倫理之中發現[21]。除了儒家倫理之外，謝某也的的確確地在大西洋之外的地區找到了某些經濟倫理有助於資本主義發展，只是韋伯與他的支持者一不小心就忽略過去了[22]。

其次，資本主義到底是不是如韋伯所言，起源於某一群人的經濟倫理呢？這個問題本身就值得再討論，因為韋伯告訴我們資本主義起源於十六世紀宗教改革之後的喀爾文教派，韋伯的母親就是一位虔誠的教徒，盡心盡力地遵循教徒應該做的事，例如節儉禁慾，不過奢華的生活，不迷戀物質享受，如此的話，比較容易累積第一桶金。雖然，我們不曾知道她對金錢的看法為何，但我們相信新教的經濟倫理同樣在她身上起作用，可是，我們如何得知在其內心裡，只有韋伯所說的那種倫理發揮影響力？難道沒有其他的因素——像是偏愛靜態的閱讀、不喜歡與人交際、喜歡高山的清冷空氣，與熱愛獨處的感覺等——同樣也足以讓一個人的生活過得像新教徒那樣呢？如果有的話，那麼韋伯又是如何確定過著禁慾的簡樸生活者必然是因為新教倫理所驅使呢？應該不太容易。

再次，聽說有一群喀爾文教派的信徒賺了不少錢，因爲這些人的內心相當認同新教倫理，所以應該是這樣好的經濟倫理讓這些人不斷地賺錢，在不太愛花錢的情況下，累積了資本，又投資有利可圖的事業，於是，不小心引發了這個世界的巨大變化，出現了理性化，出現了資本主義與現代國家。這個故事好像很耳熟，這是一百年前韋伯告訴大家的。可是，我們如何得知某一位喀爾文教派的信徒賺了錢只是因爲新教倫理在其內心催促著呢？可能的原因多到數不完，例如，爲了讓家人可以過更好的生活、爲了與兄長賭一口氣，爲反抗隔壁的老人經常性的挖苦、爲了證明當年妻子選擇自己是正確的決定，或者是這些原因一同促使此人努力賺錢，但就是沒有新教倫理。這麼說，我們決不能因爲韋伯曾經使用過「瞭晤」的方法設身處地在他人的位置上，去想像個人心裡正在想些什麼，我們就假定韋伯釐清了某件複雜故事的成因，吾人以爲，韋伯同樣有可能看不清楚，只是我們把韋伯當成大師實在太久了，早已不習慣說他的不是。

英國：韋伯政治性資本主義的典範

我們總是以爲英國會是「合理的資本主義」之典範，或者是所謂的近現代理性化的資本主義國家，但其實不是，至少歷史資料告訴我們，英國停留在韋伯前述定義下的「古代家長制」國家，這種國家也一樣擁抱資本主義，只是，國家利用戰爭來攫取利益，韋伯稱此為「政治性資本主義」，英國完全符合這樣的定義，並且距離「合理的資本主義」相當遠，證據顯示如此。

筆者謝某認為韋伯在有意或無意之間，刻意地在美化資本主義，上述的段落裡，韋伯認為只有在「古代家長制」治理下的「政治性的資本主義」國家才可能介入，但這不僅不符合歷史事實，而且韋伯更為了「只發生在西方」的近現代資本主義進行了美化的工程，因為他以為只有近現代的資本主義才能算是「合理的資本主義」，此時，不再像從前那樣，國家不會只是為了「謀取財政上的利潤」而發生戰爭，更不可能再像以前靠國家的力量在海外殖民，進而掠奪殖民地的資源。這裡，我們必須回想一下，韋伯告訴我們其所謂的近現代資本主義發生在十六世紀宗教改革之後，當然，他的「合理的」資本主義也得花上一點時間才能慢慢地「合理」，我們看一下英國這個在十六、十七世紀已足以成為韋伯的「古代家長制」例子，二百年之後的此時，英國應該已經進步到了韋伯的「合理的資本主義」階段了，然而事實上英國——這個韋伯想要結盟的國家——似乎還停留在「古代家長制」底下的「政治性的資本主義」，為什麼？因為韋伯不清楚資本主義與國家之間的關係，而且，本文發難的主角洪鎌德教授對於韋伯資本主義之分類似乎是接受的，因為其也沒有提出不同的意見。我們先看十六世紀的英國。

日本學者竹田いさみ（Isami Takeda）認爲，爲何英國霸權能夠成形，乃因皇后伊莉沙白一世（Queen Elizabeth I，在位一五五八～一六〇三）與海盜之間的關係。海盜頭目法蘭西斯・德瑞克（Francis Drake）贏得皇后最高的「崇敬」，是他在一五七七年到一五八〇年間環球航行，這就說明他有本事劫掠西班牙和葡萄牙的船隻。爲何皇后偏愛德瑞克呢？原因是——利益。但他到底上繳多少錢給皇后呢？有估計說，「他上繳六十萬英鎊給英國，其中最少三十萬，也就是百分之五十進了皇后的口袋。六十萬英鎊〔在當時〕差不多等於英國政府三年的財政預算」。事實上，伊莉莎白一世女王信託德瑞克爲首的海盜集團，成爲大英帝國的戰爭機器。他環繞地球航行，並在一五八二年如他所願地成爲普利茅斯（Plymouth）的市長之後，成爲國家英雄。在這之後，女王託付他各樣任務，像是「掠奪加勒比海（一五八五年九月～一五八六年七月）」「伏擊西班牙的加地斯並搶劫隸屬西班牙國王的船隻（一五八七年四至七月）」、「擊破西班牙無敵艦隊（一五八八年七至八月）」，和「擔任伊伯利亞半島遠征軍指揮官」等[23]。我們看到了，十六世紀末的英國正是韋伯所定義的「政治性資本主義」，它應該會轉型成爲合理的資本主義，按照韋伯的說法。但到了十九世紀中葉，看起來英國仍然停留在古代家長制這個相對「落後的」階段，怎麼說呢？

韋伯定義的古代家長制底下的政治性資本主義，其特徵之一是爲了利潤，由國家發動戰爭，到了十九世紀中葉，英國歷經了兩百多年的轉型，應該是到了韋氏心儀的合理的資本主義階段了，因爲由國家發動戰爭去搶人財物，實在不怎麼高明，偏偏英國到了一八四○年代還使用這種落伍的作法，人們所熟知的鴉片戰爭剛好是個例子。鴉片戰爭或許應該重新命名爲茶葉戰爭，主因是英國買了太多中國的茶葉，付了錢（白銀），但找不到工業製品可以吸引清中國的消費者將錢賺回來，於是在印度的殖民地種植毒品鴉片，製成中國人喜歡的口味，銷往廣州，但這不合法，否則的話，英國大可以銷往歐洲。英國人宣稱這是「自由」貿易，清廷仍然禁止，於是被授權使用武力的英國東印度公司，聯合皇家海軍，用大砲「轟醒」了中國這隻打瞌睡的巨獅，用馬克思的話來說[24]。再略談一下尼爾·弗格森（Niall Ferguson）這位當今英國最知名的歷史學家，在其大作《帝國：大英帝國世界秩序的興衰以及給世界強權的啓示》[25]一書中，則是侈言總體來說英國留給世界是相對美好的，只是，吾人在閱讀的過程之中，看到了馬克沁機槍（Maxim Gun）在非洲人身上表現其令人驚訝的效率之時，心裡想著，這款機槍倒是對其他強權會產生不少啓發之作用。看起來，十九世紀的皇家海軍，在全球的行徑，與十六世紀時不相上下，仍然維持在韋伯所謂的政治性資本主義的運作模式之下，並未如韋伯所言，轉型成合理的資本主義。然而，弔詭的是，在累積資本上，英國皇家海軍追求效率的精神卻是「合理的」，是「理性化」之一部。

宋巴特與韋伯的對話

如果經濟倫理不可能是推動著一群人去努力賺錢的主要因素的話，那麼，其他的原因是不是也可以考慮看看呢？例如，身處於德國反猶太主義盛行期間的學者維爾納・宋巴特（Werner Sombart）或許值得我們注意，因爲他的主張與筆者謝某的看法類似，也認爲某一群新教徒未必如韋伯所言，就是資本主義（精神）最先出現的地方[26]。換句話說，其他的因素也可能推動資本主義之出現。此一小節中，我們討論三個子題，其一，「知識」的流傳與大環境的關係；其二，奢侈品與資本主義的緊密連結；其三，是否如宋氏所言，新教倫理源於猶太主義，以下分析之。

知識的傳播與環境

所謂「知識」不見得是眞理，而是學者在知識傳播的某個環節中勝出了，使其支持者可以將「主流」的論點向外散播。因此，在我們談論宋巴特的論點之前，或許我們也應該大略地瞭解一下，韋伯的論點比起宋巴特更吸引人，並且流傳得更爲久遠的原因，其主因可能無關於韋伯的論點是否較合理，或者其方法論較紮實，而是與學術界當時的氛圍與權力鬥爭有關。事實上，誠如孔誥峰（Ho-Fung Hung）所言，「想法〔ideas〕之盛行與退化是由不同的（學術）敵對網絡之間的競爭結果所決定。想法的變化（則）與政經情況相連結，其間之兩步驟的因果關係是，第一，『政治與經濟的變化導致了（那些）支持知識分子的機構（material institutions）——像是修道院和大學——之興起與衰敗[27]』。其次，（某些）網絡結盟（是）爲了爭取新進重組後的學術領域空間（以便在其間活動）。換句話說，政經情勢的變化對於想法（與知識）的生產所引發的衝擊是間接的[28]（斜體爲原文所有）」。上述的段落中，至少有以下兩點值得我們進一步思考之。

其一，這裡雖不是合宜的地方用來證明韋伯在過去的一個世紀裡，其所獲致之聲譽「完勝」了宋巴特的理由，極可能是因爲宋巴特的論點根本不可能在反猶太主義氛圍下得到廣泛的支持，即使宋氏之論述再怎麼合理都會是如此的結果，韋伯在如此的學術環境，與宋巴特論戰後得到勝利只是預料中的事而已。稍後，我們會證明宋巴特的說法，也就是資本主義的興起與奢侈品的消費有關，這說法有其歷史的根據，似乎亦不無道理，吾人以爲，韋伯的聲名遠播，非宋氏所能比擬者，此與韋伯的論述之合理性很可能無甚關聯。其二，當時德國的政經情勢已經使得猶太人成爲代罪羔羊，宋巴特的論點之中，強調了猶太主義對資本主義的促進作用，並且有利於資本主義興起的奢侈品消費，其中有一大部分是由猶太人所掌控。試想，在當時，宋氏這樣的論點，如何能擴大其學術網絡呢？應該不可能，因爲過去如同現在，學者如果不是見錢眼開的話，應該也學過見風轉舵這句成語。筆者謝某承認自己應該窮極一生都無法證明這樣的看法，但是，若比起宋巴特而言，韋伯當時能夠撐起的學術網絡一定比宋氏大得多，願意與韋伯結盟的學術團體應該也會多得多，願意在財務上支持韋伯及其學術聯盟的修道院與大學，必然也會遠遠多過願意給予宋氏幫助者。我想，這是當年韋伯之所以「成功」的原因之一。現在，我們先談談宋巴特與韋伯不同的主張，關於資本主義在何時、何處，以及爲什麼出現在特定的地區。

奢侈品與資本主義

宋巴特注意到了歐洲在中世紀時期的重要變化，他認爲中世紀早期的財富差不多全部是由地產所積累，然而到了後期，也就是十三、十四世紀發生了較大的變化，從這個時候開始，巨額財富不再是從封建關係[29]聚集起來，他認爲此時期應該用「資本財產」來描繪之，這樣的進程是從義大利開始的。之後，於十五、十六世紀時，在德意志也發生了同樣的事，十七世紀荷蘭則在遠東開闢了新的財源，於是不少歐洲國家、地區產生了暴發戶、中產階級，這些人就像騎士那樣地開始模仿起宮廷的華麗生活。簡單說，對宋巴特而言，資本主義並非由某種經濟倫理所驅動，而是「奢侈的產物」[30]。這裡，我們檢視一個未曾發生在中國的例子，一群封建時期特殊身分的人，也就是騎士，他們在中世紀後期生活發生了變化，騎士們開始過著奢侈浮華的人生。宋巴特認爲每當資產階級的財富陡然遽增，歐洲各國就可以看到貴族們在仿效新的暴發戶的奢侈行徑，在十五世紀的德國，「野蠻和女人氣的華麗服飾就成爲騎士的特徵」，當時，騎士過度揮霍於華麗的衣服，最後導致了騎士長期負債的主要原因。當時一位衛道人士大聲疾呼：「正是服飾的昂貴毀了我們德意志土地上的騎士……他們企圖模仿市鎮裡的商人那樣裝模作樣……然而他們卻沒有商人所擁有的錢財。」因此，騎士們不斷舉債，受制於發放高利貸的猶太人或是猶太基督徒之控制[31]。

上述諸如此類的現象，也就是宋巴特在歐洲發現之寶貴的甚至是「獨特的」經驗，事實上也可以在更早的東方世界發現，只是人物不同，物品不同，但是炫耀的心態應該差異不是太大[32]。加拿大學者卜正民（Timothy Brook）在《縱樂的困惑》一書中提到：

即使生活在明代中葉的商業環境裡，大部分士紳知識分子未必就會採取推崇商業的態度。但是在這樣（富裕）的環境下，商業把越來越多的貨品種類帶進士紳的圈子裡，而士紳們對此並不抗拒。他們愉快地將這些貨品吸納到他們鑑賞精緻物品的文化消遣活動之內，這也同時刺激了貨品的生產[33]。

明代中葉的作者中，很少人能寬容地看待他周圍的轉變（指商人與士紳階級紛紛學習時尚的奢華作風」，但是，就有那麼幾位人士的確如此。其中一是上海的士紳陸楫（一五一五～一五五二），他贊同奢侈，不反對它。因爲無法用道德來爲奢侈消費的合理性辯護……陸氏選擇以經濟的角度去論證消費是一件好事的觀點，他認爲大商家和富戶（像他自己）「彼以粱肉奢，則耕者庖者分其利，彼以紈綺奢，則鬻者織者分其利」。陸氏對他自己的觀點充滿了信心，他引述孟子關於平衡剩餘與需求的說法以總結其所論。如果陸氏並不注意消費的道德層面，那也許是由於他作爲十六世紀上海的主要地主—士紳家族的繼承人，他安然處於這樣的位置，並安心地相信，財富不必是一種道德負擔[34]。

首先，上述的段落讓吾人想起了老一輩人常說的兩句話：「理想是一回事，現實是另一回事。」用這兩句話，好像是要年輕人務實一點，但此時，似乎也可以用在分析奢侈品消費這件事。怎麼說呢，雖然韋伯告訴我們，新教倫理不同於世界上其他的經濟倫理——包括儒教倫理——然而，對於奢侈品的消費，新教倫理與儒教應該是大同小異的，在理想上，新教倫理與儒教倫理都要其教（信）徒不要過奢靡的生活，但在現實生活中，怎樣才能讓有錢人可以區隔一般平凡的、沒有多餘錢財享受生活的老百姓呢？富裕的新教徒，若是和韋伯所說的一樣的話，不愛享受，將金錢拿來榮耀上帝，重建禮拜上帝的場所，讓它變成一個富麗堂皇之地，因爲教堂與上帝有關，所以再怎麼奢侈、浪費，都不算數嗎？從小在儒家倫理的薰陶下長大的商人之子，長大後準備繼承家業，就像陸楫那般，早已經習慣附庸風雅、追逐時尚，要此人不奢侈，談何容易，況且，生意人送禮相當普遍，通常回禮時，物品的價格應該會比收到的禮物再貴重些，往返數次之後，不奢華都難。所以，新教倫理與儒教倫理並不如韋伯想像中那樣地不同，二者有共同點：說的比做的容易。具體而言，理想上，二者都勸人過簡約的生活；實際上，有錢人可不想過得像個窮人那樣地清苦，謝某認爲，無論過去還是現在，有錢人應該會想盡辦法用各種方式來表現得和窮人不同才對，而不是學習窮人如何過生活。

其二，陸楫說得沒錯，奢侈品的消費可以促進就業，讓更多人分享到經濟活動的利益。有錢人享受了精美的膳食，那麼耕種者與廚師都會因爲各自的專業與付出而得以分享利益；有錢人購買高級絲織品，像是細絹與細綾，其結果是賣家與織工都會獲得應該有的利潤。可以這麼說，整個生產、物流與消費的流程裡，其間每個環節都創造了就業機會，添增之附加價值也在交易中體現，富裕人家對奢侈品的消費行爲對資本主義的產生的確有一定的幫助。另外，因爲交通設備、基礎建設的逐步改善，使得長途貿易成爲可能，因爲路途遙遠、成本提高，隨之而來的風險也是，那麼商人應該會儘可能地尋找高毛利的產品轉賣至他處，像是香料、寶石、絲綢、瓷器、茶葉、奴隸與鴉片，如果非法的毒品也可以計入「商品」的話，當然，同時是商品也是通貨的黃金與白銀都是高毛利者。此外，在毛利（遠）低於上述商品的狀況下，糧食也可能經由長途的運送。但無論如何，數百年前的明朝中國，富裕人家的奢華生活呼應了宋巴特對於奢侈品與資本主義的看法。

前述段落的最後一句話「財富不必是一種道德負擔」，聽起來頗像是歐洲在宗教改革之後，教徒可以盡情逐利，無須再受到道德在自己內心的指責。只是，陸楫並非清教徒，但可能在其一生當中都遵循著儒家倫理的教誨，做生意的時候也是，三不五時地享受其美麗人生的那一刻也是，內心還是掛念著從小雙親耳提面命的儒家倫理。這也就是說，儒家倫理與奢侈生活可以並存，篤信新教倫理的有錢信徒們應該也能做得到。

新教倫理源自於猶太教義

筆者謝某並不相信單單奢侈品貿易——宋巴特所欲強調者——就足以讓資本主義出現。同樣地，吾人亦懷疑宋巴特所堅持者，也就是他的「發現」——即猶太教與資本主義的關係密切，就足以推翻韋伯的新教倫理與資本主義之間的親合關係。但不會的，因爲二者的邏輯一樣，如果資本主義的起源不能從單一因素——即經濟倫理——來檢視的話，那麼適用於韋伯的批評——例如拙著《社會學囧很大1.0》、《社會學囧很大2.0》、《社會學囧很大3.0》——同樣也會適用在宋巴特身上。因此，在這裡談論宋巴特，吾人的目的不在於以宋巴特的論點來取代韋伯，而在於吾人想「證明」要找到某種有助於資本主義發展的經濟倫理，在歷史的分析上，其難度並不高，無論研究者找到的證據之說服力是高或是低。以下，我們將會看到宋巴特找到的證據來解釋猶太教與資本主義的關係，其說服力頂多是差強人意而已，甚至還比不上韋伯呢！當然，吾人自二〇一五年起的「囧很大」系列，應該提出了不少證據來批判韋伯了。但無論如何，宋巴特的想法，或許不無值得思考的看法。我們接著看看宋巴特到底想說什麼，在反駁或增補某種經濟倫理與資本主義之間的親密關係。

宋巴特自己承認他受到了韋伯的啓發，讓宋氏進一步去思考猶太人的重要性。特別是，他看似贊同韋伯的說法，也認爲清教曾經在資本主義的出現的階段扮演一股主導的力量，然而，實際上宋巴特卻認爲「資本主義在猶太教中發展得更充分」，並且在「時間上也比清教徒要早得多[35]」。藉此，宋氏欲推翻韋伯的論點，然而，先前曾經提到過，宋巴特在當時德國反猶太主義盛行的狀況之下，其說法恐怕不易引起共鳴。不過，宋氏好像不願就此放棄，他繼續說著他那不受多數人喜愛的故事。宋巴特要我們相信，猶太教與清教二者之間，存在著「近乎奇特的觀念的一致性……在兩者之中，都將發現以宗教利益爲重、神施予賞罰的觀念、此世之中的苦修主義、宗教與商業的密切關係，算計罪惡的概念，以及最重要的生活的理性化[36]」。看起來，宋氏給我們的例子實在有些籠統。

接下來，宋巴特舉的例子，其說服力亦不高，例如他說猶太教與清教對性問題所持之態度，大意是，兩個宗教都勸誡男人對於女人要保持距離，《塔木德》裡有句古老的格言（*Kiddushin, 82a*）說：「同女人做生意？要確保不要和她們獨處。」[37]另一例子是，在宗教改革期間，「猶太人與某業基督教派往來密切，學習希伯來語和希伯來語經文曾風行一時，十七世紀的英國猶太人受到清教徒高度尊敬[38]」。當然，從這些例子之中，讓人摸不著頭緒，爲何猶太教與清教的關係是密切的？但宋氏仍不放棄，他認爲以下的例子更有說服力。

一本出現於一六〇八年帶戲謔氣味的小冊子《加〔喀〕爾文的猶太之鏡》（*Der Calvinische Judenspiegel*），其內容應該不在於、但卻不經意地證明了猶太教與喀爾文教（「它是最正宗的清教」）之間的親密關係。在該冊子的第三十三頁之中，以一種不太像學術語言所呈現出來的方式，比較了這兩樣宗教。宋巴特這麼說：

> （舊式德語是另人愉悅的。）「如果我身負榮幸，可以說說我爲什麼成爲一名加爾文教徒，我就必須坦白，唯一說服我的理由是，在所有宗教中只有它在生活觀與信仰觀上和猶太教有如此多的共同點。（接著是許多類似的表達，半嚴肅、前譏諷。）……8.猶太人討厭瑪莉亞的名字，只有她以金銀鑄就或者她的形象被刻上硬幣後才能容忍她。我們也是

如此。我們也喜歡在便士和克朗上的瑪莉亞，我們將全部尊重給予這個，因爲它們在商業上有用。9.猶太人處處費盡心機欺騙大眾。我們也是如此。出於這個原因，我們離開了自己的祖國，流浪在他們不知道我們本來面目的國家，這樣，我們可以通過詐騙和詭計……將無知的鄉巴佬引入歧途，騙他們，逼他們就範……[39]。

上述宋巴特對於猶太教與喀爾文教派之間的關係看似緊密，但充其量只是親合關係而已，無法證明二者出於同源。

綜上所述，韋伯之所以在他的時代裡即爲人所崇敬，未必與他的論點較具說服力有關，宋巴特對於奢侈品與資本主義的關係之探討極具啓發性，因爲資本主義（的起源），特別是長程貿易總是以奢侈品爲開端，關於猶太主義與資本主義的關係這個部分，吾人以爲，恐怕宋巴特會在同一個窠臼裡遇見韋伯。最後，洪鎌德教授對於資本主義的定義、新教倫理等看法，幾乎與韋伯完全相同，所以這一小節，應該可以視之爲吾人對於洪鎌德教授（與韋伯）看法的批評與補充。

三位一體：合理性、資本主義與現代國家

簡單說，韋伯的「三位一體」構成了歐洲的「獨特性」，包括了合理性（理性、理性化）、資本主義（精神），與現代國家（或現代性）等[40]。

首先，我們先談談什麼是韋伯思維中的「三位一體」，此三者對韋伯而言，當然都只能在西方才找得到，洪鎌德教授對此似乎也不懷疑。那麼，什麼是三位一體呢？具體而言，理性（化）、資本主義與現代國家此三者強化彼此，合而為一。我們應該如何理解這三位一體呢？此時，應該加入合理的法律，才會比較容易理解。可以這麼說，資本主義的要素之一是合理性，韋伯也用了除魅化，也就是去除神祕的過程，這發生在十六世紀宗教改革之後的歐洲，並且韋伯告訴我們，其他地方沒有理性化，當然，謝某對此感到不解，於是寫了幾篇文章反駁之。接下來，因為理性化發生在社會的各個領域，也包括法律；有了合理的法律之後，於是便提供資本主義最需要的可預測性（與可計算性），也因為有了合理的法律之後，官僚體系——法理型的統治模式[41]——「現代的[42]」國家機器的必要條件只有在西方才能找得到，這就是西方的獨特性[43]。這麼說，合理性支持著資本主義精神的產生與日後的發展，接著官僚體制也逐漸成形，讓法律的可預測性得以在實質上得到執行，市場才可能運作順暢。資本主義帶來商業的繁榮，政經制度與社會的理性化獲得更進

一步的改良，官僚制度也會變得更有效率，數百年來，我們見過「三位一體」的完美表現，當然，這出乎意料地讓社會變成一座大「鐵牢」，韋伯的確憂心生活在裡頭的人們。

非常可惜地，洪鎌德教授對韋伯的學說批判的力道稍嫌弱了些，在討論「法律與政治結構（統治型態）之關係」時，他說，「西方文明**獨特**（粗體爲吾人所加）之處爲講求合理化、理性化。這種**獨特的**（粗體爲吾人所加）理性化表現在歐洲法律之上，但歐洲何以會產生這種特別形式的法律呢？在韋伯的政治社會學中，他強調政治結構與法律體系之間相互的密切關係。也就是說歐洲的、**現代的**（粗體爲吾人所加）法律體系只能出現在歐洲特別的政治情境中。它的產生與**現代官僚國家**（粗體爲吾人所加）的崛起息息相關。另一方面，這種官僚國家的壯大，也有賴現代型態的法律制度之支撐、協助[44]」。

雖然無法完全確定，但韋伯可能在西方學者過度優越感的獨特氛圍底下，暫時忘卻了自己終生以學術爲志業這件事，具體而言，韋伯在告訴我們其研究結論之前，忘記了應該先做完研究工作才對，韋伯直接告訴我們，西方優於東方，在理性化的過程裡，也在現代國家的建構之上。

縱使沒有明示其支持的心態，但洪鎌德教授在沒有異議之下，轉述了韋伯的國家觀，他說：

韋伯認爲國家是人群「文化生活中最重要的構成要素」。他談到國家時使用了「理性的國家」（rationaler Staat）一詞，指的是**西方近現代**〔粗體爲吾人所加〕的國家。這是由於他強調西方（Okzident）文化優於東方（Orient）文化之處，在於西方人擁有理性（Rationalität），因而形成理性主義（Rationalismus），以及對事物的處理在使它理性化（Rationlizierung）。這涉及深思熟慮、估計利害得失、以何種的手段達成既定的目標的工具性思維。理性化可以說是追求合理的成長與發展之意。另外，視事物的演變事先可資預測，也是合乎理性的表現。韋伯指出節欲刻苦的理性主義（asketischer Rationalismus）是促成西洋文化變遷最具潛勢力的工具。是故他喜談合理的宗教、合理的資本主義、合理的國家等【45】。

首先，對於韋伯而言，將「理性」二字用在西方國家再確切不過了，如前所述，理性是西方所獨有，在非西方是不可能找得到的。韋伯會有這樣偏頗的想法，或許不難理解，讀者只要簡單地回想一下韋伯對於資本主義與理性的定義，就可以知道理性也好、資本主義也好，都不會是西方所獨有。這裡，我們略微回顧一下先前的說法，韋伯這麼說：「……資本主義……〔之〕生產效率成爲新的社會價值，它是以理性、創意爲美名，對人力做無情的壓榨與剝削。在資本主義崛起的時代，經濟行爲以利益爲取向，只要能夠賺錢擴大利潤，什麼手段皆可使用，皆可被合理化、正當化[46]……」。這一段韋伯所欲告訴我們的話，在分析資本主義的「獨特性」時，洪鎌德教授引用了，但似乎沒有不同於韋伯的其他意見，應該是同意韋伯的論點。

那麼，看起來除了相對特殊的、長達數百年的西方之奴隸制度「對人力做無情的壓榨與剝削」，在維持高毛利的奴隸貿易時「什麼手段皆可使用」之外，其他像是以利益爲導向，儘可能地擴大利潤，這應該是地球上的所有地方都能找得到的，而且，不論是古代、近代，還是現代時期。此外，洪鎌德教授用自己的話爲合理的、理性（化）的下了定義，他說：「凡是能運用知性設定目標、選定手段、從手段達成目標，就是合理的、理性的。」[47]筆者謝某極希望能舉出實際的例子，來證明在非西方（東方）社會裡，眞的找不到任何證據可以符合韋伯的理性（化）或洪鎌德教授之合理的定義。

其次，國家觀應該是韋伯法政思想的重要組成部分，不讓人意外的是，當談到國家機器時，韋伯就像是談論新教倫理、資本主義、理性（化）那般，同樣認爲國家是西方優於東方的地方，所以韋伯談的國家，指的是西方近現代的國家，其他地方都找不到，而且，西方國家還是個理性的國家，其弦外之音是，非西方（東方）國家不是理性的國家，因爲韋伯的「信念」是西方文化優於東方，西方人擁有理性，與理性的國家，但非西方國家並非理性的國家，因爲西方之外的國家根本找不到理性，遑論理性的國家之存在。吾人的重點是，韋伯並沒有比較西方國家，例如英、德，與東方國家，像是中、印，之間的孰優孰劣，就直接告訴讀者，西方國家優於東方國家，因爲前者有合理性，後者則無。這是歷史學家、社會學家，或者東、西歷史比較研究大師韋伯應該做的事嗎？應該不是，但很可惜地，卻是如此。

第三，韋伯用了不證自明的說理方式，不僅在文化面向上，而且也在經濟上與政治上，都找到了西方優於東方的「證據」，然而事實上，韋伯什麼也沒做，就只是告訴讀者，在文化上，西方人有理性，在社會上的所有層面都歷經了理性化過程，於是西方在經濟上領先，因爲有資本主義。在政治上，西方優於東方，這是因爲西方有「現代的」國家，而這種具備「現代性」的國家之所以會出現，是因爲理性化的過程。簡單說，理性化使得西方成爲今日的西方，東方則因爲缺乏理性化而成爲今日的東方，總而言之，西方與東方的差別在於理性化之「有」與「無」。並且，韋伯爲其三位一體找到一個除了歐洲有，但其他地方都沒有的事物，那就是（爲成就三位一體的）宗教改革，韋伯說宗教改革之後，理性化逐漸在各個領域開枝散葉，於是歐洲就開始領先了，好像什麼都不需要證明一下，因爲的確宗教改革是十六世紀開始的，也只有歐洲才有。那麼，除非先改革宗教，才可能有下一階段的除魅化（理性化）的過程，否則的話，不可能有資本主義的產生，因爲只有理性（化）才足以讓資本主義成長。韋伯的確爲我們找到一個歐洲獨有的事物，那就是宗教改革，而且，還必須是從天主教改變成新教，包括路德教派、喀爾文教派與英國國教派。所以，也難怪韋伯的支持者會如此地堅信著，理性化、資本主義與現代國家（三位一體），只能在西方（歐洲）找到，因爲得先有宗教改革，這確實是歐洲才有的，韋伯爲西方的「獨特性」找到了一個無可辯駁的說法。

以上的分析，我們得以看出理性化、資本主義與現代國家在——而且只在——歐洲彼此強化，成爲世界上獨一無二的三位一體。這是大師韋伯明確地告訴我們的，洪鎌德教授則暗示著要我們不要再費心懷疑只存在於歐洲的三位一體。

再談英國問題

英國問題的確吸引了許多學者的注意力，當然也包括了洪鎌德教授，所以最後這個部分，我們得再談英國問題，不過在此之前，我們還得先談中國問題，以及韋伯和他心愛的理念型。

先談中國問題

在〈但理念型還是魅惑了韋伯〉[48]一文中，其實謝某的論點是，韋伯根本無法解決的是他留下來的中國問題。至於英國問題，大略可以這麼說，不少學者至今仍然爲了所謂的英國問題還在爭論著。有些學者認爲這問題早已解決，無須再費心思；另外還有些學者，他們則認爲英國問題在韋伯試著想要解決之後，看起來還是有點嚴重；再有一些則相信這問題不那麼重要，即使英國問題讓人心煩，但也不影響韋伯在學界的地位。但簡單說，吾人在該文的重點是，身爲東、西方歷史比較研究的大師級人物，同時兼任法律社會學專家的韋伯，其實不懂中國「傳統」的——被韋伯拿來對應西方「現代」的——法律體系。以下，簡略地重述吾人所持之理由。

第一，韋伯（及其支持者，至少是「絕大部分」）不知道清末引進德國民法之前，中國人民一直在義務觀的法律體系之下被治理；第二，傳統中國法律不分民事與刑事，但分爲重案與細事，前者包括命、盜，後者則有戶、婚、田、土、錢、債此六類。況且，吾人亦不信西方法律學者一開始就知道將民事與刑事分開，就可以避免日後分類時造成太多麻煩；第三，重案由官府主動偵辦，細事則以民間調處爲主，千年以來，運作得還算是順暢，人民在法治的社會裡，過著井然有序的生活，特別重要的是，私有財產得到保障。以上三者，謝某在〈還原眞相：西方知識體系下曲解的中國傳統法律〉[49]一文中已經進行了詳盡的分析，相信韋伯的支持者看了之後會瞠目結舌，驚訝於「傳統」中國法在當時竟然是如此地「現代」。是故，在此吾人不再贅述。

第四，韋伯認爲中國皇帝恣意妄爲，在專制的統治之下，人民的生命財產沒有保障，似乎在專制的政權底下，就算中國用的是成文法，皇帝仍舊高高在上，爲所欲爲。對韋伯而言，中國的專制政體，讓人民的身家性命、私有財產隨時可能丟失。這聽起來似乎合理，但事實上，中國在所謂的「傳統」的法律底下生活，人民的生命財產都受到充分的保障，即使上至皇帝下至升斗百姓，無一人有權利的概念。

在韋伯的想法裡，我們猜想著，歐洲的情況必然與專制的中國不甚相同，否則，批評中國專制這件事，就會變得沒有意義了。但歐洲的情況如何？是不是比中國的「專制」還更民主一點點呢？從推論來看，歐洲人應該過著不那麼樣專制的生活，享有的自由空間應該比東方（中國）人多一些。可是，韋伯雖然對中國的理解程度可能還不夠好，但他爲了強調歐洲王權的專制程度，在討論歐洲國家如何建立起來時，他是這樣告訴我們的，他說：「不像東方統治者把權力分散給諸侯[50]，歐洲君王集中權力於一身，皇帝高高在上，多重下屬的機構之運作無非在保障中央權力之集中……歐洲等級國家間之相互競爭……最終造成國家的興建（Staatsentstehung; state building）。」[51]看起來歐洲王權的專制程度是不遑多讓的。

歷史學家同時也是法律學家的韋伯，的確做了些東、西方歷史的比較研究，雖然他對傳統中國法律幾乎一竅不通，然而，對韋伯十分寬容的洪鎌德教授卻這樣主張，他說：

「韋伯有關法律社會學的著作，除了顯示他廣博的學識（他引用了羅馬法、日耳曼法、法蘭西法、盎格魯撒克遜法、還進一步探討猶太法、伊斯蘭法、興都（印度）法、**中國法**（粗體為吾人所加），甚至波利西尼亞習慣法）之外，便是一大堆有關法律的概念、專門術語，使讀者無法跟進，不易掌握他的本意[52]」。這段話，謝某誠心地相信洪鎌德教授所言的字字句句，除了上述段落裡的「中國法」這三個字之外。簡單地說，韋伯這位號稱法律社會學的專家，在他最拿手的東、西方歷史比較研究的領域裡，竟然完全不懂中國傳統法律體系，眞相應該會讓韋伯的粉絲們難以面對。

這裡，也許可以稍微岔開話題一下，那就是，我們看到了韋伯這位法律社會學專家、歷史學家，他在不懂東方（中國）的傳統法律之前，就先當上了東、西方歷史比較研究大師了。韋伯批評中國傳統法律的負面說詞，讓人難以不聯想到這是歐洲中心主義思維下的產物，為什麼呢？因為在這樣的思維底下，其比較的基礎通常——如果並非「總是」的話——是用歐洲（西方）有的經驗來檢視歐洲以外的社會。換句話說，西方的「有」，必須用東方或非西方的「無」才能加以理解。以先前所述之三位一體為例，西方「有」合理性、有可預測的法律、現代國家，這些足以支持資本主義發展的必要條件。此時，韋伯需要東方的「無」來配合，在遙遠的另一邊，那裡「無」合理性、法律「無」可預測、「無」資本主義，也看不到「現代的」國家。明顯地，韋伯的心裡，不只是歐洲中心主義、西方優越感在作祟，其方法論之中，偷偷地藏了二分法，讓一切看起來都理所當然。不過，韋伯之所以在其研究領域如此傑出，多虧了他的支持者用了比較不一樣的標準來評量其「成就」，然而，吾人以爲，整個社會（科）學界對大師韋伯，實在太寬容了，大多數的學者認爲，即使韋伯有錯，也不可能是大錯，是故，其支持者早已習於將韋伯的錯誤輕輕放下，一陣微風拂面，船過水無痕。

再以洪鎌德教授爲例，他發現了韋伯留給我們一個大問題，而這應該多少影響韋氏的研究分析才對，但洪鎌德教授只是告訴我們那兒（可能）有個問題，但這個問題提一下就好了，也沒其他的說法了。是這樣的，洪教授在歷史的脈絡之下提出了他對西方哲思之看法，他說：「近兩百五十年以來西方尖端思想家，像黑格爾、托克維爾、約翰・穆勒〔彌爾，John Mill〕、馬克思和韋伯這些**歐洲中心主義**的〔粗體爲吾人所加〕哲學家、政治學者和社會學家無不竭力來宣傳歐洲文明所以領先和超越世界其餘各洲和各地之處，在於歐美人早已產生自覺和意識而展開對大自然的探索和海外的開拓[53]」。很清楚地，洪鎌德教授知道上述幾個著名思想家看待世界（包括東方）是在歐洲中心主義的視角之下，獲得了某些研究結果，如此的觀察角度若是不影響研究之最終發現的話，那麼相信也無須提及，連談一丁點都不需要，不是嗎？可見洪鎌德教授提起了「歐洲中心主義」應該是覺得會有影響才是，這是合理的推論，可惜這推論雖然合理，但卻沒有了下文。難道研究者應該不去在乎歐洲中心主義嗎？還是這樣的視角，雖是偏頗的，但卻無傷大雅呢？應該不是。

至今，洪鎌德教授與爲數眾多的韋伯支持者，仍然相信著韋伯所說的話字字屬實，因爲韋伯以學術爲志業，就像是政治也是他的志業那般，是因爲政治讓韋伯產生一種偷情的快感！？在擁有如此龐大的粉絲團（fans）的情況之下，韋伯繼續誤導人類思維，看起來是件無可奈何的事，我們無法確定韋伯本人是否有這樣的意願，但是我們幾乎可以確定，要支持韋伯的粉絲們重新思考韋伯的論點之眞僞是一件極其困難的任務。

韋伯與他的理念型

這裡，吾人要來談論一個似曾相識的副標題，也就是〈但理念型還是魅惑了韋伯〉[54]，謝某的確寫過這篇文章，而且，吾人談的不是別的，正是韋伯的法律社會學。只是，此時此地，好像避免不了再談一下，但謝某將儘可能地放入此新的想法與說法。

這裡，只談韋伯將法律體系分爲四種分類，其使用的座標一方是形式和實質，一方則是理性與非理性，於是，韋伯得到了四個法律體系的理念（類）型，分別是⑴形式／非理性；⑵實質／非理性；⑶實質／理性；⑷形式／理性等。其中，洪鎌德教授解釋道：形式與實質二者談的是「形式化」（formality）的問題，他根據儲貝克（David M. Trubek）

的說法，是指「使用內在於法律體系的決斷標準」，換句話說，「也就是這類的社會規範完全符合法律系統的要求、內在於法律系統本身，而非求助於法律之外的社會需求（道德要求、宗教需要、政治命令、經濟利益等的考量[55]）」。而理性與非理性所牽涉者爲「合理性」（rationality）之有無，或者其程度之大小。依儲氏之說，「合理性是遵守能夠應用到所有同質或類似案例的決定標準」（following some criteria of decision which is applicable to all like cases），也就是法律規範能夠普遍地與廣泛地應用到涉及的人、物、事之程度。以上的衡量標準聽起來頗合理，不過，實際上在應用時，或者想拿它們來理解歷史事實的時候，我們會遭遇到困難。

那麼，爲何會引起困難呢？謝某以爲，理念型的隱憂或許值得我們再花點時間談談。但在進入接下來的議題之前，吾人想說明關於理念型的三件事，其一，前兩個理念型，也就是形式不理性與實質不理性的法律，因爲都是在「不理性」的座標上，所以這裡就不討論何者爲最差；其二，韋伯告訴我們世界上的法律體系，最終會由不理性進步到理性，再從實質理性進步到形式理性的最後階段；其三，早在二〇一九年時，謝某已經說明了，一個世紀以前，熱愛形式理性的這個法律理念型的韋伯，早知道這個世界會遇到「形式理性的（再）實質化」的問題，也就是說，演進的方向並不如韋伯所「想像」的，是從實質理性「進化」到形式理性，正好相反，是形式合理的法律（回頭？）走向實質理性的法律，韋伯當時已經注意到了，但卻仍然死守形式理性，並且認為「實質化」的過程無傷大雅[56]。因此，該文之篇名才會使用〈但理念型還是魅惑了韋伯〉。接下來，就讓我們回到理念型的隱憂這個議題上。

筆者謝某看到的理念型之隱憂，可以說是上個段落第二、三點的延伸，為什麼呢？理由是，韋伯想像著，這世間所有的法律體系最終都會向他心目中最好的「範本」靠攏，但在一百年前，韋伯就看到了事實並非如他所想的那樣，只是，為了追求完全的理念型，於是韋氏的形式合理的法律還是被認定為最好的。現在，問題來了，我們從來沒有看到韋伯分析過為什麼實質合理的法律體系一定會比形式合理的體系表現得稍微差一點？事實上，如同洪鎌德教授所說：「理念類型並不反映現實的世界，也無法從歷史經驗來證實。」[57]而同樣地，我們也不會看到形式合理的法律在哪裡勝過了實質理性的體系。那麼，為什麼（還不是最完美的）實質理性體系得「進化」到形式理性的法律呢？的確找不到理由。而且，一個世紀之前，韋伯看到的和他想像的正好相反。到底為什麼我們一定要相信韋伯所說的，才算是認眞地讀過社會學呢？

這裡，吾人想再談一下上述洪鎌德教授對理念型的感觸，他說，烏托邦式的理念型不會眞實反映現實，所以，也沒有辦法從歷史經驗之中得到證實。但吾人以為，既然韋伯為社會學留下了理念型這麼重要的概念工具，那麼當人們無法用邏輯「完美的」理念型來解決某些歷史問題的話，我們又該如何確定這些理念型到底是不是有用呢？我們無法確定，如果理念型眞的像是洪鎌德教授所說的，它們不會眞實地反映現實的話。因此，理念型充其量只能容許我們接近歷史的眞實，最好的理念型也只能如此，難道這就是韋伯三令五申地要我們務必記得，理念型要經常與歷史事實進行對話，進而修改理念型使其更爲有用，當然這又是韋伯做不到的事了，爲什麼？簡單說，韋伯將他也聽說過的晚清之前，視爲「傳統」中國，在長達二千年（以上）的期間，韋伯認爲中國受到了「傳統主義」的影響，所以經濟停滯，因爲沒有理性的法律，資本主義無由產生。可是，宗教改革之後的歐洲，也就是正要開始理性化的十六世紀末葉，東方正值明朝第二次經濟繁榮時期，經由馬尼拉大帆船輸出了高階手工業產品——例如絲綢與瓷器——到西屬美洲，長達二百五十年的光陰，明、清中國大抵是貿易順差，西方國家羨慕得很，這就是韋伯所說的傳統主義作崇嗎？如果是的話，那麼傳統倒是應該好好地珍惜才對。

可以這麼說，理念型是韋伯爲後世留下來最珍貴的概念工具，他因爲理念型而聲名大噪。然而，韋伯這位運用理念型最「成功」的古典社會學巨擘，卻因爲過去執著於難以解釋歷史經驗的問題，進而花費更大的力氣緊抱理念型而不放手，此時，這位受限於對東方（中國）歷史不甚瞭解的歷史比較大師韋伯，再度使其支持者向我們招手，勸我們不要再懷疑大師韋伯，不要再懷疑理念型這麼迷人的玩意兒，可是在曉得了理念型的問題之後的我們，這個時候，又應該如何是好呢？在決定我們的下一步之前，我們還得再一次地談一談韋伯留下的英國問題。

再談英國問題

如前所述，筆者謝某在〈但理念型還是魅惑了韋伯〉一文中，除了論及韋伯爲理念型的完美邏輯所惑，另一重點在於韋伯留下的不是英國問題，而是中國問題。簡單說，韋伯根本不知道中國的法律體系到底長什麼樣子，他不曾研究過中國這個義務觀社會裡，政府到底如何讓法律體系運作得順暢，不至於產生窒礙難行之處。但是，洪鎌德教授雖然知道英國問題的存在，但是，卻選擇視之爲無關緊要。這裡，我們先談談爲何洪教授不願意討論韋伯的中國問題，再談他爲何認爲即使英國問題的確引發了討論，但對於韋伯的卓越貢獻而言，卻是瑕不掩瑜。爲何洪鎌德教授避談中國問題呢？簡單說，如果韋伯是歷史學家，同時又是經常拿中國、印度與阿拉伯世界，作爲西方世界的比較對象，那麼韋伯應該會被尊爲東、西方歷史比較研究大師級人物，但洪鎌德教授卻持反對意見，這倒是啓人疑竇，特別是他在年輕時還曾在慕尼黑向德國學生解釋韋伯學說的偉大。

洪鎌德教授在《韋伯法政思想的評析》中，一開頭是這麼地讚揚韋伯的，他說：「作為十九世紀下半與二十世紀初葉，西方思想界與學術界聲望最高的社會學家、歷史學家、經濟學家、文化哲學家的韋伯[58]……。」這段話，少了「東、西方歷史比較研究大師」這個榮銜。事實上，念過歷史社會學這個領域的學者與學生都應該會知道韋伯的重要性，都會聽說韋伯因為傑出的研究能力與成果，使得他被尊稱為東、西方歷史比較研究之巨擘，這應該無可懷疑。吾人以為，洪鎌德教授在應該這裡「刻意」地忘記寫上這個榮銜，這是因為倘若真的寫上了，反而讓韋伯下不了台，因為我的忘年之交洪鎌德教授一定讀過我寫的《社會學囧很大1.0》，這書裡寫得很清楚，韋伯根本連「傳統」中國是個義務觀的社會都不知道，怎麼可能瞭解其法律體系的設計之箇中道理呢？於是，在洪鎌德教授特別的安排之下，我們只能看到韋伯這位法律學專家，享受極高的聲望，但卻看不到「東、西方歷史比較的大師」這個讓人尊敬的頭銜。吾人以為，這是前輩在其《韋伯法政思想的評析》一書中的「巧妙」安排，雖然謝某不可能完全確定之，但是，應該是八九不離十了。

因為實在太過明顯，是故，中國問題根本無從討論起。所以，依據這一小節的副標題「再談英國問題」的指示，我們還得花點時間談談它。事實上，洪鎌德教授已經與吾人在《社會學囧很大2.0》裡提到的英國問題進行一小段「對話」[59]，這部分，謝某在這裡就不再贅述，特別是因為洪鎌德教授認為英國問題即使存在，也不會讓韋伯為此而感到困擾。洪鎌德教授似乎不認為此英國問題如一般人——包括謝某本人——所想的那樣重要，所以，並沒有在其大作的專章中使用太多的空間來討論。具體而言，洪鎌德教授大抵只引用了莎莉．衣雲（Sally Ewing）女士的兩個論點來說明這英國「問題」並不困擾韋伯。這裡，謝某必須將衣雲女士的論點轉述一下，因爲這是洪鎌德教授認同的部分。

對於所謂的「英國問題」衣雲提出了她的見解，洪鎌德教授轉述衣雲女士所認爲韋伯欲完成的兩項職責，其說：

> 對衣雲女士而言……她認爲韋伯心目中有兩項職責等待去完成，第一，韋伯主張法律思想中日漸增強的合理性過程，應該追蹤記錄，這就是邏輯上合理性的法律之概念盤據了他，使他著迷。爲此他把法律發展分成不同的（四個）階段來處理，而他所得的結論是邏輯上合理的法律，終必是法律發展的最高階段[60]。不過，他也指出一個特別的因素（「爲強而有力的利益（團體）所挾持、所保護的全國性法律訓練體系」[61]）阻止了英國人向形式理性的法律之途邁進。因之，只要是對法律有關懷的專精人士，在不受利益團體影響之下，最終必然會傾向於建立邏輯儼然的合乎理性的法律體制。對於英國法律專才不走這條理性的道路，並沒有使韋伯大驚失色，故不是什麼了不起的大問題。他的第二項職責在於分析可以計算、可以預測的法律（形式的法律）與資本主義興起之關係。關於這一職責，與法律思想中「內在於法律」的各種特別的性質無涉。這兩者是不同的問題，不能混爲一

談，是故衣雲強調對韋伯而言，無「英國的問題」之困擾可言[62]。

上述這段話，閱畢之後，吾人發現自己也有幾項職責等待去完成，而這些職責都與推翻上述似是而非的說法有關。首先，吾人不擬反對韋伯在意的事，也就是去追蹤記錄「法律思想中日漸增強的合理性過程」，但是就因爲韋伯自己迷戀著「邏輯上合理性」的法律，也就是德國民法，所以，韋伯在劃分法律發展的四個階段之時，其結論讓人一點也不意外，法律發展之最高階段，必然是他最愛的形式合理的法律，這是衣雲女士提供給我們的看法。簡單說，因爲邏輯上合理的法律讓韋伯深深著迷，所以人類世界法律發展的最後階段，一定會出現韋伯最喜歡的那種。也難怪我們在上述的分析中，就看到了韋伯明明已經瞧見了「形式法律的再實質化」的現象，他仍然不願意相信眼睛所見到的眞相。

第二，韋伯認爲只要英國法律專才不受任何利益團體的「挾持」的話，那麼最後的結果還是會如他所預期的，我們會看到英國邁向一個形式合理的法律。相信韋伯的支持者會希望英國在韋伯逝世一百年之後，可以走向法律發展的最高階段，也就是上述所說的「邏輯上合理的法律」。可是，當今已是二〇二〇年代，在韋伯預測後的一個世紀，英國的法律還是「停留」在原處，還是沒有走向韋伯想像中的最高階段，對韋伯而言，唯一的、合理的原因是：目前，英國的法律專才一定是被「挾持」了，而且歹徒根本不想放人。另外，對衣雲而言，英國問題是不是夠大，這得看韋伯的臉色，假若韋伯沒有「大驚失色」的話，那麼英國問題絕不可能是一個研究上的難題。而這是什麼邏輯？相信讀者和謝某一樣，完全看不懂。第三，衣雲試著說服我們，她說韋伯的第二項職責是分析法律的可預測性與資本主義興起的關係，再者衣雲說，韋伯的任務在於——而且是只在於——分析「形式的法律」。當然，每個人有自己的任務得完成，但是，韋伯的任務已排除了實質理性的法律，例如英國的普通法與「傳統」中國的成文法[63]，特別是在韋伯根本不曾比較過二者——形式理性與實質理性的法律——在效果上孰優孰劣。也許這是理念型天生的問題，因爲理念型無法反映現實，所以無從比較起。也因爲如此，英國問題並未解決，至少，在當今的學術界，這仍是懸而未決之事。衣雲的說法是，所謂的「英國問題」並未困擾韋伯。衣雲或許是對的，我們如何去苛責一位深深迷戀於「邏輯上合理的法律」的韋伯呢？此時，就算有人大聲斥喝著韋伯，韋伯還是陶醉在自己的想像中，做著自己喜歡的事。

以上，看起來都是衣雲的看法，但也是洪鎌德教授內心所想的，後者對前者的說法並沒有批判的意思，只是在認同之後引用衣雲的說法而已，這倒是比較可惜的地方。

現在，也許重述一下「英國（的）問題」是必要的，原來的英國問題指的是：韋伯認爲形式合理的法律是最好的，但英國的普通法充其量只是實質理性的法律，韋伯說，這是「落後於」形式合理的法律，但英國卻（曾經）是資本主義最發達的國家，於是令謝某

（與讀者）感到納悶的是，資本主義的發展未必得需要形式理性的法律來幫忙，實質理性已經足夠。這等於說，中國傳統法律也一樣可以產生可預測性，同樣也對資本主義的發展有幫助。在不經意當中，我們發現了英國問題與中國問題有相通之處，可惜的是，韋伯對後者可說是一無所知。

本章結語

吾人之前輩洪鎌德教授對韋伯絕非沒有批判，讀者的的確確可以看到洪氏持著與韋伯不同的意見，例如韋氏之狹隘的國族主義、韋伯視民主爲強人政治之過渡，以及其理論陷入了社會學決定論等。不止於此，洪鎌德對於筆者謝某的論點——韋伯的價值中立之不可能——也展現其支持的態度，這可以在他討論韋伯的國家觀時觀察得到，另外不可否認地，洪之作法，亦發揮其提攜晚輩的效用。

洪鎌德教授寬容的心是值得吾人學習的，這可以讓一個人的氣質得到提升，無論是東方也好、西方也罷，對生活在大學城裡的學者而言，社會對這群人的要求相對較高，被標上「學者」、「高級研究人員」的工作者，除了在其專業能力之外，他們將其高人一等的氣質表現在舉手投足之間，此時，吾人想起了「相由心生」這句成語，一個內心寬闊的人，其臉部表情總顯現出和善之模樣，前輩洪鎌德正是這樣的人，這正是謝某怎麼學也學不來的。

然而，對於從來就學不好溫文儒雅的謝某而言，洪之批判力道略顯輕微，甚至是對某些吾人在數本拙著中所提之問題仍然視若無睹，以下再舉數個例子來說明，像是洪鎌德教授爲韋伯逃避身爲歷史研究大師卻對中國法知之甚寡的指責、洪氏如同韋氏視理性化爲歐洲所獨有、將官僚體制看成歐洲獨特的文化脈絡下產生者、形式理性優於實質理性之理念型苦無歷史經驗之支持，以及更重要者則是，洪鎌德前輩再度視英國問題充其量亦只是瑣碎的小瑕疵等，這些都是在洪之大作中尚未得到解決者，此頗令吾人感到些許遺憾與失望。

吾人以爲，洪鎌德教授在其寫作過程之中，對大師韋伯下手過輕，可能是他受了自己的寬容之心所指引的緣故吧！然而，謝某希望洪鎌德教授能繼續寫下去，也毫不吝嗇地願意再給吾人進行下一輪對話的機會，爲了韋伯的聲譽也好，爲了切斷權力與知識的不當連結也行，或者像謝某一樣，單純只想抒發內心一點憤懣也罷。

◆註解◆

[1] 陽明交大終身講座教授洪鎌德先生，其學術成就有目共睹，在台灣與東南亞學術界享有盛名，無須一一細數其卓越貢獻，特別是在馬克思學這個領域，可說是無出其右者。筆者謝某承蒙洪鎌德教授看得起，十餘年前，鼓勵後輩撰寫專書，他告訴我說：「專書深刻些。」不才如我，卻將這幾個雋永的字，刻畫在心裡，以致於不再投稿主流偏愛的SSCI等級之「指標性」期刊，至今仍在學術的支流中載浮載沉。然而，謝某感謝洪鎌德教授，這位前輩的話語，可謂一字千金。

另外，承蒙洪教授視謝某為忘年之交，目前吾人駕駛的2006年版的Ford Tierra還是洪教授當年的愛車呢！車況真的如前輩所言，沒有缺點。因為本人與前輩洪鎌德可謂私交甚篤，是故在接下來的文章裡，謝某將會直呼其名諱，不再每次提及其大名時，總是教授長、前輩短的，相信這可以得到諒解才是。

[2] 謝宏仁，《社會學囧很大1.0：看大師韋伯如何誤導人類思維》（台北：五南圖書，二〇一五）。

[3] 謝宏仁，《社會學囧很大1.0》，第四頁。洪鎌德，《從韋伯看馬克思：現代兩思想家的對壘》（新北：揚智出版社，一九九九）。洪鎌德教授的版本是一九九八年版，應該不是揚智出版社，揚智出版社於一九九九年一月出版洪之大作。

這裡，或許可以拿本人與洪鎌德教授在學術上的成就相比較，如此的話，就更能看出兩人的差距著實不小。前輩能在德國開授韋伯學說的相關課程，這令晚輩十分汗顏。前輩能在壯年時期就具備實力在海外教學，也令筆者謝某羨慕不已。謝某在美國紐約賓漢頓大學（Binghamton University, State University of New York, SUNY）將近十載的光陰之中，紀錄上只擔任過一年的教學助理，再加上為學校駕駛三年的校車（Blue Bus）而已，還真是乏善可陳，所以，很少憶及留學時期的豐功偉業，因為沒有。比起前輩的外國語言天賦，英文、日文就不消說了，德文、俄文的實力更是讓人瞠目結舌，謝某只能站在遠方，就連靠近前輩的勇氣都消失無蹤。不過，話說回來，住在故鄉老一輩的人曾經這麼告訴我說：「一支草一點露（台語）」，意思是叫我不要妄自菲薄，那麼我就繼續寫下去了。

[4] 請參照，謝宏仁，《社會學囧很大1.0》；謝宏仁，《社會學囧很大2.0：看大師韋伯為何誤導人類思維》（台

北：五南圖書，二〇一九）：謝宏仁，《社會學囧很大3.0：看大師韋伯因何誤導人類思維》（台北：五南圖書，二〇二〇）。

[5] Wolfgang J. Mommsen, *Max Weber und die deutsche Politik 1890-1920* (Tubingen: J.C.B. Mohr, 1974) (Paul Siebeck), pp. 7, 12，引自洪鎌德，《韋伯法政思想的評析》（台北：五南圖書，二〇二一），第五頁。

[6] 明顯地，韋伯的「自由主義」想法和他的海外擴張並存，乍看之下，二者難以相容。但韋伯並非第一人，在宣揚著自由主義的同時，支持自己的國家爭奪霸權，以期擠身強權的行列之中，在國際上擁有發話權。英國的約翰・彌爾（John Stuart Mill）可以說是先行者，彌爾口口聲聲強調自由的重要性，同時支持大英帝國在印度及其他殖民地的鎮壓行為，請參見，謝宏仁，第二章，〈彌爾（John Stuart Mill）——十九世紀大英帝國殖民主義的化妝師〉，《歐洲中心主義與社會科學：挑戰西方至上的舊思維》（台北：五南圖書，二〇二二），頁四一～六八。

[7] 洪鎌德，《韋伯法政思想的評析》，第十七頁。

[8] 洪鎌德，《韋伯法政思想的評析》，第九頁。

[9] Max Weber, Political Writings (PW) eds. Peter Lassman and Ronald Speirs (Cambridge: Cambridge University Press, 1994/2004), p. 489, 引自洪鎌德，《韋伯法政思想的評析》，第十頁。

[10] Marianne Weber, *Max Weber: A Biography*, (trans.) Harry Zohn (New Brunswick, N.J.: Transaction Publishers, 1936/2009), p. 53，引自洪鎌德，《韋伯法政思想的評析》，第十頁。

[11] 洪鎌德，《韋伯法政思想的評析》，第十頁。

[12] 洪鎌德，《韋伯法政思想的評析》，第二一頁。

[13] 謝宏仁，第二章，〈隱身在歷史研究中的「價值中立」〉，《社會學囧很大2.0》。

[14] 如果說韋伯一生的不同時期，以學術為志業，也以政治為志業的話，相信反對者應該不會太多。本文主要對話的對象是洪鎌德教授，洪說他對大師韋伯的「平生、志業和學問」十分佩服，於是，不難想到，以政治為志業應該也會是個因由。另外，本書與《社會學囧很大》系列的前面幾集不甚相同的是，吾人所閱讀的文獻相對較為集中，例如這一章只專注於洪之大作《韋伯法政思想的評析》一書。那麼，關於政治為志業此一議題，至少有一懸而未決的矛盾之處值得留意。

或許筆者謝某不應該將討論的重點放在韋伯的私人生活之上，因為每個人的隱私都應該受到尊重，而且人生中所發生過的事件，不見得都與學術研究產生了連結。不過，吾人懷疑韋伯是不是一生當中大部分的時間都將政治視為其志業呢？可能未必如此，因為洪鎌德記錄下一段韋伯的戀情，他說：「就在一九一一年和一九一二年，一位風姿綽約的瑞士女鋼琴家蜜爾娜．拓璞樂（Mirna Tobler, 1880-1969）不時出現在海德堡豪宅中，這位讓大學者視為化身音樂的繆斯，是引導他認識音樂的可人兒。……從她的身上韋伯得到情慾（eros）發洩……其後〔從拓璞樂〕與韋伯的通信中，我們居然看到他〔韋伯〕驚人之語，把政治視為『私密的戀情（偷情）』……。」洪鎌德繼續說道：「政治對韋伯而言，是要懷抱熱情（Leidenschaft; passion），就像戀人偷嘗私密愛情的興奮與驚喜。」cited in Joachim Kaube, *Max Weber: Ein Leben zwischen den Epochen* (Berlin: Rowohlt Verlag, 5. Aufl.); Joachim Radkau, *Max Weber: A Biography,* (trans.) Patrick Camiller (Cambridge: Polity, 2009/2015), p. 364，引自，洪鎌德，《韋伯法政思想的評析》，第三一頁。在看了上述這段不算長的話語之中，韋伯將政治視為志業的動力到底是來自於政治本身？還是來自於私密的愛情？或者二者兼具呢？我們在短時間之內可能不會有答案，要有這樣的心理準備。

[15] Max Weber, "Politics and the State," in *The Essential Weber: A Reader* (ed.) Sam Whimster (London and New York, Routledge, 2004), pp. 1-39, p. 14，引自洪鎌德，《韋伯法政思想的評析》，第八頁。

[16] 洪鎌德，〈本書特色〉，《韋伯法政思想的評析》。洪鎌德前輩對寫作的執著，這是最讓筆者謝某感到佩服之處，特別是在目前的學術界一窩蜂地追求所謂的指標性期刊與其換算成的點數，這些點數不只可以換錢，也可以升等，更能往學者自己的臉上貼金。不過，這種指標性的期刊大多得用英文撰寫，非西方國家的學者，恐怕在不遠的未來將會忘記如何用自己的母語書寫。

[17] 在吾人不值得後輩學習的前提之下，近期的確完成了一本專著，當然，裡頭應該沒有西方哲思之真、善、美的成分。但是，吾人絕對不會否認西方學者之中，一定有某些佼佼者，是值得大家投以更多的注意力，並且學習其中頗具創意之說。過去的十年裡，本人出版了幾本拙劣之著作，而相對晚近者，請參閱謝宏仁，《歐洲中心主義與社會科學》。

[18] 謝宏仁，第四章，〈「歷史比較研究」的終結？〉，《社會學囧很大1.0》，頁一五三～二〇〇。

[19] 謝宏仁，第一章，〈儒家倫理與資本主義精神〉，《社會學囧很大1.0》，頁十七～五八。吾人絕不認為一定得先有資本主義精神才能產生資本主義，只是，為了證明韋伯的新教倫理並不是那麼特殊，於是本人也就東施效顰了，學習韋伯先找一下某種精神到底存不存在於其他社會呢？的確在中國傳統社會裡，也存在著資本主義精神，只是在學術界的疆土上被埋藏許久罷了。

[20] Norman Birnbaum, "Conflicting Interpretations of the Rise of Capitalism: Marx and Weber," British Journal of Sociology (1953), No. 4, pp. 125-141, pp. 135-136：洪鎌德，《從韋伯看馬克思：現代兩大思想家的對壘》（台北：揚智出版社，一九九八），頁一六〇～一七一；Max Weber, *Wirtschaft und Gesellschaft* (WuG), (hrsg.) Johannes Winckelmann, zwei Bande, Koln u. (Berlin: Kiepenheuer & Witsch, 1976), p. 124, 670), 引自洪鎌德，《韋伯法政思想的評析》，第十六、十七頁。

[21] 謝宏仁，第一章，〈儒教倫理與資本主義精神〉，《社會學囧很大1.0》。

[22] 請參照，謝宏仁，第一章，〈理性的船航行在歷史的海〉，《社會學囧很大3.0》，頁一七～五九。簡單說，阿拉伯世界的商人老早就與印度洋的許多區域有交往的歷史，難道他們不曾想過要用更有效率的方式進行貿易活動，只能等待數百年之後，由西方人帶來了「理性的」、「合理的」想法與作法讓商業活動得以用更順暢、便利的方式完成嗎？這是什麼邏輯下產生的論點呢？這令人好奇啊！更讓人覺得驚訝的是，韋伯所說的話，即使大有問題，但信者恆信，這才是不可置信的地方。

[23] 竹田いさみ（Isami Takeda），《盜匪、商人、探險家、英雄？大航海時代的英國海盜》（台北：東販，二〇一二），第十九、四二～四三頁。

[24] 請參照，謝宏仁，第五章，〈鴉片的政治經濟學〉，《顛覆你的歷史觀：連歷史老師也不知道的史實》，增訂二版，（台北：五南圖書，二〇二一），頁二三三～二六六；謝宏仁，第三章，〈馬克思（Karl Marx）——身在倫敦濃霧中，哪能看得清中國？〉，《歐洲中心主義與社會科學》，頁六九～九六。

[25] 尼爾．弗格森（Niall Ferguson），《帝國：大英帝國世界秩序的興衰以及給世界強權的啟示》，第四版，（新北：廣場出版，二〇一九）。

[26] 維爾納．桑巴特（宋巴特）（Werner Sombart），艾仁貴譯，《猶太人與現代資本主義》（上海：上海三聯書店，二〇一五）。

[27] Randall Collins, *The Sociology of Philosophies: A Global Theory of Intellectual Change* (Cambridge, MA.: Harvard University Press, 1998), p. 380)，引自Ho-Fung Hung（孔誥峰）, "Orientalist Knowledge and Social Theories: China and the European Conceptions of East-West Differences from 1600 to 1900," *Sociological Theory*, Vol. 21, No. 3 (September, 2003), pp. 254-280, p. 256.

[28] Hung, "Orientalist Knowledge and Social Theories," p. 256.

[29] 可以說，封建關係並不存在於中國。至今，中國學術界裡使用「封建」一詞通常指的是「傳統」中國，「封建」一詞是形容詞，用來描繪中國的「落後」、「傳統」之景象，而與現實的關係不大，或者說，幾乎沒有關係。

[30] 桑巴特（宋巴特）（Werner Sombart），王燕平、侯小河譯，《奢侈與資本主義》（上海：上海人民出版社，二〇一二），第二一一頁。

[31] 桑巴特（宋巴特）（Werner Sombart），王燕平、侯小河譯，《奢侈與資本主義》，第一六七、一六八頁。

[32] 韋伯與宋巴特當然都沒有注意到十六世紀宗教改革之後，東方最強盛的王朝是明朝（一三六八～一六四四），吾人以為，明朝的士紳階級，其生活已經「過度」奢華了。大明帝國的第二次經濟繁榮時期是在十六世紀末與十七世紀初，此時，明朝這個王朝的「國家機器」應該不弱，而且在國際貿易上的表現都是順差，因為賣給西班牙相當多的高階產品，像是絲綢、瓷器等，特別是前者。不過，生活在十九世紀中葉之後與二十世紀前半段的這兩位著名的德國學者，在當時，應該對於十六、十七世紀的中國興趣缺缺。簡單說，韋氏與宋氏都是在歐洲中心主義的思維下發展其論述，對於東方（中國）的不瞭解，應該是在預期之中。不過，我們先假定兩人的爭論仍是有意義的。

後來，在經濟倫理的出現必須是在資本主義之前這個看法，宋巴特可能比韋伯走得更遠了，從某個角度上來看，宋氏在猶太教裡找到了「更早的」資本主義精神，並且用此來質疑韋伯的新教倫理。無論如何地不情願，宋巴特也落入了韋伯所挖掘的坑洞裡，並且是卡在更深的地方，脫困的機會更是渺茫。

[33] 卜正民（Timothy Brook），方駿、王秀麗、羅天佑譯，《縱樂的困惑：明代的商業與文化》（桂林：廣西師範大學出版社，二〇一六），第一五二頁。

[34] Lien-Sheng Yang, *Studies in Chinese Institutional History* (Cambridge: Harvard University Press, 1961), p. 73, 引

自，卜正民（Timothy Brook），方駿、王秀麗、羅天佑譯，《縱樂的困惑：明代的商業與文化》，第一七一頁。

[35] 桑巴特（宋巴特），《猶太人與現代資本主義》，第一七三頁。

[36] 同前註。

[37] 同前註。

[38] 同前註。

[39] 桑巴特（宋巴特），《猶太人與現代資本主義》，第一七四頁。

[40] 韋伯在不同地方，或者探討不同事物時，會使用不同的語詞，例如合理、理性與理性化：資本主義，合理的資本主義，與資本主義精神；現代、現代性與現代國家。其間，意義可能會有些許不同，但本文不過分追究之。

[41] 韋伯告訴我們，法理型的治理是最值得追求的，但他喜歡魅力型——也就是卡理斯瑪的——領導。洪鎌德說：「偏偏他（韋伯）對魅力（卡理斯瑪）有所訴求，這種訴求目的在打破現實生活的僵硬無聊，亦即他希冀藉魅力領袖可以制衡官僚制度的浮濫和平庸，也免除深受工具理性制約的人群再陷鐵籠而不可自拔。這無異天縱英明的領導比庸俗的民主制度更受韋伯的青睞與推崇……是韋伯思想中的混沌（ambiguity），甚至是其理論的矛盾之所在。」請參照 Ralf Dahrendorf, "Max Weber and Modern Social Science," (eds.) Wolfgang J. Momsen and J. Osterhammel, *Max Weber's Methodology* (New York: Routledge, 1987), pp. 574-580, p. 577，引自洪鎌德，《韋伯法政思想的評析》，第六九頁。

關於洪鎌德這段說明，吾人抱持不同的看法。首先，韋伯喜歡魅力型領袖，洪說是因為日常生活太過無聊且死板，所以韋伯期待天縱英明者可以對抗平凡無奇的官僚體系，這樣的話，同時也能解決鐵牢的問題，吾人對這樣的說法持保留態度。就先前的分析來看，韋伯期待魅力型領袖，是因為希望德國能夠擠身列強的行伍中，取得國際政治的發言權，這也是為何吾人相信韋伯可說是一位帝國主義者。其次，令吾人十分好奇的是，有辦法解決鐵牢這個問題的人物，竟然會是個具備卡理斯瑪特質的人物？這其中的邏輯到底該如何理解呢？

[42] 如果法理型權威是現代的國家機器所必要者，那麼吾人實在想不出來，韋伯心儀的魅力型領袖，應該搭配什

麼樣的國家機器呢？

[43] 我們暫且同意韋伯所說的，但事實上，身為東、西方歷史比較研究大師級人物的韋伯，根本不知道「傳統」中國是個義務觀的社會，其法律體系相當程度地不同於西方權利觀社會。所以，「傳統」中國的國家機器，當然是在其法律體系的支撐上運作，吾人以為，韋伯應該會以為中國的「傳統」國家運作起來，不可能像西方「現代」國家那樣順暢，因為後者擁有著前者所沒有的「官僚體制」與「形式合理的法律」。

[44] 洪鎌德，《韋伯法政思想的評析》，第一一八頁。

[45] Max Weber, "Politics and the State," p. 371; John Love, "Max Weber's Orient," in Stephen Turner (ed.) *The Cambridge Companion to Weber* (Cambridge: Cambridge University Press, 2000), pp. 172-199; Rogers Brubaker, *The Limits of Rationality: An Essay on the Social and Moral Thought of Max Weber* (London: George Allen & Unwin, 1984), p. 2; Max Weber, *The Protestant Ethic and the Spirit of Capitalism* (trans.) Talcott Parsons (London: G. Allen and Unwin, 1930), pp. 182-183，引自洪鎌德，《韋伯法政思想的評析》，第五四頁。

[46] 引自洪鎌德，《韋伯法政思想的評析》，第十六頁。

[47] 洪鎌德，附錄四，〈韋伯法政觀點之摘要〉，《韋伯法政思想的評析》，第一七九頁。

[48] 謝宏仁，第一章，〈但理念型還是魅惑了韋伯〉，《社會學囧很大2.0》，頁一五～六八。

[49] 謝宏仁，第二章，〈還原真相：西方知識體系下曲解的中國傳統法律〉，《社會學囧很大1.0》，頁五九～一○二。

[50] Love, "Max Weber's Orient," 引自洪鎌德，《韋伯法政思想的評析》，第六三頁。

[51] 引自洪鎌德，《韋伯法政思想的評析》，第六三頁。

[52] 洪鎌德，《韋伯法政思想的評析》，第一○一頁。

[53] 洪鎌德，《韋伯法政思想的評析》，第一八五頁。這裡的空間不夠大，似乎不宜討論是否數個世紀以來「歐洲文明……（即）領先……世界各地……」，又是否其真正的理由是因為「歐美人早已產生自覺……對大自然的探索……開拓」等，與此相關的議題，請參見謝宏仁，《顛覆你的歷史觀》。對於約翰．穆勒（彌爾）、馬克思與韋伯在歐洲中心主義的偏頗視角下，如何誤解東方（中國）並且影響其各自的研究結果，請參見謝宏仁，第二章，〈彌爾〉，第三章，〈馬克思〉，第四章，〈韋伯（Max Weber）——「沒有歷史的」

東、西方歷史比較研究大師〉，《歐洲中心主義與社會科學》，（台北：五南圖書，二〇二一），頁四一～一五四。

[54] 謝宏仁，第一章，〈但理念型還是魅惑了韋伯〉，《社會學囧很大2.0》，頁十五～六八。

[55] 洪鎌德，《韋伯法政思想的評析》，第一一二頁。

[56] 關於「再實質化」的議題，請參見謝宏仁，第一章，〈但理念型還是魅惑了韋伯〉，《社會學囧很大2.0》，頁四〇～四六。

[57] 雖然理念型並不反映現實世界，但是，倒是能夠憑藉著「選擇的近似性」（Wahlverwandschaft）來找到相對接近的例子。請參照洪鎌德，《韋伯法政思想的評析》，第一一四頁。

[58] 洪鎌德，《韋伯法政思想的評析》，第九九頁。

[59] 洪鎌德教授引用的部分是《社會學囧很大2.0》（台北：五南，二〇一九），頁一一一～一一五，引自洪鎌德，《韋伯法政思想的評析》，第一三一頁。

[60] Max Weber, *Economy and Society: An Outline of Interpretive Sociology*, vols. Ephraim Fischoff et al. (trans.) Gunther Roth and Claus Wittich, (New York, 1968), p. 883，引自洪鎌德，《韋伯法政思想的評析》，第一三一頁。

[61] Max Weber, *Economy and Society*, p. 882，引自洪鎌德，《韋伯法政思想的評析》，第一三一頁。

[62] Sally Ewing, "Formal Justice and the Spirit of Capitalism: Max Weber's Sociology of Law," *Law and Society Reviews*, Vol. 21, No. 3, pp. 487-512, p. 496, 197，謝宏仁，《社會學囧很大2.0》，頁一一一～一一五，引自洪鎌德，《韋伯法政思想的評析》，第一三一頁。

[63] 長期以來學界受到韋伯法律社會學的誤導極深，是故，普遍認為「傳統」中國的法律與經濟、社會（文化）等，均處於停滯狀態。前述的中國問題，希望日後可以引起學者的注意。

第二章　簡體華文學術圈的韋伯專家：蘇國勛

幾年前，社區舉辦了一日遊的活動，不少的鄰居共襄盛舉，大伙兒在一個風和日麗的早晨，乘著中型巴士到了台南柳營的德元埤荷蘭村，這裡的特色包括了埤塘與溼地生態、珊瑚狀水道、開展的寬闊綠地，再加上風車與鬱金香等，可以說，充滿荷蘭當地之水陸景象。這麼說，除了赤崁樓（普羅民遮城）和安平古堡（熱蘭遮城）之外，此處是人們不必出國就可以體驗荷蘭風味的地方。荷蘭人治理過大員（台灣）三十餘年，在這段期間裡，荷蘭人不死心，於一六二二年又回到澎湖，這個在一六〇四年他們曾經短暫停留之處，這一次，荷蘭人在風櫃尾建立了城堡，也如願地設立貿易據點。不過，因爲待在大員的時間不長，當時沒有太多人留意到荷蘭人大多數是喀爾文教派的信徒，也是理性主義者。

如果我們想在以簡體華文主要寫作語言的學術圈裡，尋找一位極具知名度的韋伯專家，那麼，吾人以爲蘇國勛教授應該是不二人選了。簡單說，蘇國勛教授在修改完其一九九七年的博士論文之後，就在一九八八年時，由上海人民出版社爲他發行其介紹韋伯之引論性專書《理性化及其限制》，一本博士論文在口試結束之後，隨即有出版社願意刊行，當時該論文之重要性，無論怎麼形容，也不會是誇大之詞[1]。不止於此，在將近三十年之後的二〇一六年，這本當時的年輕學子得以接觸韋伯這位大思想家的讀物得以重新出版，足見蘇教授在「簡體字學術圈」的韋伯（學）研究中之重要地位。新版的書名是《理性化及其限制：韋伯思想引論》，由北京商務印書館發行。本文將以該書為主要對話之對象，因為蘇國勛教授這本傑作，不只是「曾經」，並且「正在」影響著成千上萬個學習社會（科）學的學子們，討論該書應有其必要。

既然我們將討論蘇國勛教授二〇一六年的版本，那麼，瞭解一下它與一九八八年版的差異，應該有助於我們對蘇教授心目中的大師韋伯之理解。根據其〈再版前言〉之說法，新版大致維持「初版的思想認識和時代氛圍」，這就像是牆上的老照片般，「保留事物原汁原味的本來風貌，人們從中或可追尋到作者思想嬗變的軌跡甚或當時社會思潮變遷的蛛絲馬跡，這樣可能更有其獨特的歷史意味」。蘇教授繼續解釋道，即使如此，其間不同之處有三，其一，初版時的明顯錯誤與印刷之訛誤均予以修正；其二，對初版時已存在的注釋問題做說明並補充重要參考書之注釋；其三，更重要者，謝某以為，是蘇國勛後來刊登的、且與本書有關的五篇著作，收錄於附錄之中（即附錄一～五）作為補充[2]。當然，如果新版欲以舊版的原汁原味呈現的話，那麼，新版的附錄就可以視為蘇教授於一九八八年至二〇一六年之間，他本人先前對於韋伯的想法之「（深刻）反省」。那麼，相信附錄裡頭應該有不少是值得我們花費時間仔細咀嚼的論點，至少這是吾人內心之期待。

本章結構安排如下：首先，視學術為其志業的韋伯，其研究能力幾乎無人懷疑，分析事理時的嚴謹程度難以匹敵，我們只要檢視一下韋伯在區別基督新教不同流派——路德教派與喀爾文教派——之間，在救贖觀的細微差異，就會佩服於韋伯的研究能力。另外，新教教徒，特別是喀爾文教宗的虔信者，韋伯認為他們因為害怕「失寵」於上帝，自己並非上帝的預選子民，無時無刻地，內心總是焦慮著，這樣的心情應該會讓日子變得不好過，於是筆者謝某將試著比較「失寵」和「失業」孰重，藉以「證明」並非只有害怕沒得到救贖這件事，才會驅使人們努力工作。第二，我們將看看理性的荷蘭人，這是個以喀爾文教派的信徒為主的國家，其人民的「理性」程度首屈一指，就如韋伯所言。這一小節當中，我們會再細分幾個子題討論，包括發生於十七世紀的大劫掠，販奴與理性主義、自由的得失、在印度洋失去自由，與喀爾文教徒的責任倫理等。第三，我們將重心置於韋伯的宗教社會學，子題有韋伯論述中隱藏的西方優越性、歐洲「獨特的」理性主義、錯誤的起點經濟倫理，與資本主義精神之背離等。最後，吾人總結本章的發現。

學術是一種志業

在此一小節當中，我們將會看到韋伯做學問時嚴謹的一面，特別是在他分析新教不同派別的救贖觀時。同時，我們也將看到，即使大部分的人缺少因爲天職觀而產生的內在驅動力，人們也會因爲某種原因而努力工作，不見得一定會先在心裡面培養出某種經濟倫理，才能驅動一個人向「錢」看。這麼說，喀爾文教派的信徒可能害怕失寵於上帝，就如韋伯所說，然而多數人可能擔心失業更甚於失寵，因爲沒錢買食物的話，當天晚上就難過了，失寵所造成的後果，雖然也不容易承擔，但可以日後再說。

新教天職觀

大抵上，因爲不滿天主教的腐敗，歐洲於是有了宗教改革，新教於焉誕生。然而，新教並非指單一教派，其中包括了英國國教、路德教派與喀爾文教派等。韋伯有時候稱新教倫理，他指的是喀爾文教派；有時稱其教徒爲清教徒，但其中是有區別的[3]。蘇國勛這麼說：

> 作爲一種社會心理的天職觀對人們的思想方式的影響，是指清教徒的入世禁欲、反巫

術、反情緒和反想像幾乎緊密結合的加爾文（喀爾文）宗的精神特質。儘管韋伯不否認一種方式對思想方式的影響和作用，但他是從精神因素方面著眼立論的，目的是通過對宗教教義的基礎分析，論證爲什麼新教天職觀爲體現的資本主義精神既不會首先產生於非基督教國家，也不會首先發生在同屬基督教的其他宗派佔主導的地方，而只能首先產生於加爾文（喀爾文）學說爲旗幟的新教改革派爲主要信仰的清教徒那裡[4]。

蘇教授繼續說道：

在清教徒看來，現世中的一切均無神聖可言（包括金錢？），對非神聖事物的膜拜則是對眞正神聖的褻瀆。因爲他們和猶太人一樣，反對以任何活人爲神聖或神聖的象徵而加以崇拜……在實踐上，他們奉行「因信稱義」比路德宗徹底而首尾一貫。路德宗信徒可以通過想像感到自己是聖靈的「容器」（即載體），而企圖達到一種與上帝的「神秘結合」來獲救，它導致了一種有**神秘主義**（粗體爲吾人所加）和情緒主義傾向的宗教生活。清教徒則視自己爲「上帝的工具」，並以此來確認自己的蒙恩狀態。他們的行動源於對上帝恩寵的信仰，這一信仰本身轉而又通過行動的性質而證明是上帝所賜。這是一種**徹底的「因爲信仰」**（粗體爲吾人所加）才致救贖，才能在上帝面前「稱爲義人」的實踐，而與任何巫術和情緒完全無關……在加爾文（喀爾文）宗和清教中，宗教信仰與社會行動是相互契合的，亦即系統的、首尾一貫的：「信仰必須是一種『有效的信仰』，救贖的召喚必須是一種有效的召喚[5]」。

上述的段落中，我們看到了，路德宗的信徒因爲藉由想像，並且內心還企圖到達一種和上帝「神秘結合」的方式來獲救，韋伯認爲，這就導致了路德教派的信徒在其宗教生活之中，仍然有神秘主義的色彩。同樣是宗教改革後的新教，韋伯清楚地區分了路德教派與喀爾文教派的不同，謝某認爲，在這個議題上，韋伯的確有過人之處。

此外，在清教徒眼中，只要在現世裡的事物，其實都與神聖二字無關，這不禁讓謝某（再）想起了，如果眞是這樣的話，那麼金錢這個在宗教上引起不小爭議的「東西」，應該也是與神聖無關才對，到底爲什麼清教徒（新教徒）在轉個念之後，選擇將金錢視爲可以榮耀上帝之物？筆者謝某仍然覺得好奇，原本不是說「因信稱義」嗎？信徒們只能用其堅定的信仰來榮耀上帝，這聽起來眞像是某宗教會告訴其信徒的，但爲什麼後來卻可以變成了「因錢稱義」呢？只是因爲信徒心裡緊張，因爲其「堅定的信仰」也不足以讓自己相信已經被上帝選上了，而必須要靠更多的財物來加強自己的信心，讓上帝看到自己嗎？經過了這些年與韋伯的對話之後，對於韋伯這樣的說法，吾人還是覺得不可思議。

失寵與失業孰重

從上面的分析當中，我們看到了韋伯做學問時的嚴謹態度，不同流派的新教徒們，其經濟倫理，若存在的話，亦不盡相同。

韋伯所說的，應該是不無道理，預選說讓喀爾文教派的信徒「多半」——若還談不上「總是」的話——處於焦慮的狀態，因為害怕自己在上帝面前失寵，而這可是了不得的事，因為這表示自己並非上帝所預選的人，也就不可能得到救贖，對於教徒而言，看起來是找不到比這件事更重要的了。但即使是處在基督教文明世界裡，這也只是生活裡頭許多面向當中的一個而已，無論「失寵（於上帝）」這件事有多麼重要，也僅是當年人們內心感到憂慮的因素之一，其他的事，例如小孩生病、沒錢去看醫生、訂金已付但未收到貨品、隔壁鄰居重新為其老房子拉皮，自己的屋頂漏水卻沒錢修復等，或者更嚴重者，例如請假太多，被老闆開除，失去了工作，失去了家庭經濟來源。

從上一小節的分析之中，比較之下，相對會害怕失寵的教徒，應該只有喀爾文教派的信徒而已，新教其他教派可能還好一些，例如上述的路德宗信徒，他們會透過某種方式與上帝「神秘結合」，焦慮感即使是存在的話，也不會停留太久才對。那麼，非天主教（基督教）徒呢？謝某以為，在那些「異教徒」的生活之中，不存在救贖的問題，也沒有失寵的問題，倒是（可能的）失業問題三不五時會提醒這些人，即使他們從不知道「天職」爲何物，也應該認眞於目前的工作，以避免自己成了下一波失業名單當中的一位，對這位「異教徒」而言，失業的問題遠比失寵於上帝更加困擾著他們。這麼說，失寵的話，或許還可以藉由告解、祈禱的方式獲得原諒，換成失業的話，身上若沒帶著幾塊麵包，回家恐怕會是一場災難。

簡單說，這一小節裡，我們看到了韋伯過人的分析能力，同時也看到了韋伯的分析能力之不足。緊接著，我們進入下一節，來過台灣的荷蘭人，其中的大多數正是韋伯所「認同」的喀爾文教派的信徒，而且他們可是超理性的。

理性的荷蘭人

這個小節，我們談談理性的荷蘭人，相信韋伯也會同意荷蘭人對於資本主義的發展有一定的貢獻。先前，我們在洪鎌德的專章裡提到了「理性」二字的定義，理性與資本主義有關，或甚至可以說，在韋伯的心裡，理性與資本主義是同時產生的。以下，我們再分爲三個子題分述之，包括一場世紀大劫掠、十七世紀的奴隸販子，與韋伯的責任倫理等。看起來，理性的荷蘭（商）人老早就忘記了偶爾也得問問自己「責任倫理」是何物，特別是在面對高毛利的生意的那一刻。我們先看一場世紀大搶案，搶匪來自荷蘭，至今尚未將他們繩之於法，即使國際法庭就在海牙這個城市裡。

世紀大劫掠

現在，我們略微複習一下資本主義與理性二者的關係，韋伯這麼說：「……資本主義……〔之〕生產效率成爲新的社會價值，它是以理性、創意爲美名，對人力做無情的壓榨與剝削。在資本主義崛起的時代，經濟行爲以利益爲取向，只要能夠賺錢擴大利潤，什麼手段皆可使用，皆可被合理化、正當化……。」[6]這麼說，資本主義的發展與否，與國家（王國、王朝、朝代）的國力之強弱有關，因爲發展得好，財富的累積會快一些，可以（再）投資於有利可圖的事業，幾個世代之後，人民有錢了，國家的稅收充足，基礎建設更新了，投資於教育與其他制度的改良也增加了，於是國家——特別是歐洲國家——在合理化的過程當中，逐漸走向現代化。

在韋伯的想法之中，西方（主要是西歐、西北歐）在數百年以前，就勝過非西方（東方）國家，這一切都是因爲西方有了「獨特的」理性化過程，別的地方找不到，或者這麼說，韋伯很粗略地爲我們找了一下，他沒看到——或者根本看不懂——類似於西方「獨特的」理性、現代性。於是，我們都被告知了，西方因爲在十六世紀有了宗教改革之後，理性（化）於焉產生，而且韋伯的支持者明示、暗示地建議我們，無須再找，因爲大師韋伯都已經爲我們在這個世界上找過了，除了西方之外，就是沒有。我們就都相信了，不是嗎？好像是如此。

在韋伯的說法之中，只要與資本主義的發展，好像都是合理的，那麼我們得看看荷蘭人如何合理化其行爲，因爲他們的行爲（社會行動）與資本主義的發展有關，所以我們還得暫時先放下韋伯對「責任倫理」——社會行動者必須考慮到其行爲之後果——的關懷，再輔以重商主義者所熟悉的觀點來看待資本的累積，其支持者認爲國家所積蓄的貴金屬等於國家總體力量的強弱，那麼，以下增強國力之手段，的確是最快速、最有效率的方法了，我們知道十七世紀的荷蘭是個「海權」大國，這個世紀初期發生了一起海上劫掠事件，它發生在東南亞最重要的海上通道麻六甲海峽，現在就像過去，這裡仍是海上掠奪最容易發生之處。此事件被描繪如下：

一六〇三年二月二十五日清晨，荷蘭的兩條大船，「白獅號」與「阿爾克瑪律號」在海軍上將雅克・范・海姆斯凱克（Jacob van Heemskerck）的率領下，在麻六甲海峽的柔佛俘虜葡萄牙商船「聖卡塔莉娜號」。船上載了總重超過五十噸的十萬件瓷器，以及一千二百捆的中國絲綢，那一年義大利絲的生產停擺，那批絲銷路好得不得了。歐洲買家群集阿姆斯特丹，各國王室不管行情多少，一律買下[7]。東印度公司的大拍賣收入高達三百四十萬荷盾，超過荷蘭東印度公司成立之時認購資本額一半以上。當時，一個荷蘭教師的年收入約二百八十荷盾。而一個受僱到船上的船員，年薪只有大約一百二十荷盾。用現在一個荷蘭教師的平均年薪約六萬美元對比，換算下來，這一宗搶劫的代價相當於現代的七億美元[8]。

從上述段落對全球最大的搶案（之一）的描述當中，筆者謝某以爲，有以下幾個論點頗値得花時間討論。

首先，葡萄牙爲此一事件，對荷蘭提出強烈抗議，前者認爲在羅馬教宗允許的狀況底下，葡萄牙人除了「獲得東印度群島的領土、財產及海關關稅」之外，更有權壟斷貿易。然而荷蘭法庭則判定，荷方有權報仇，並且可以視其所獲之戰利品爲合法，這是因爲一六〇一年一艘荷蘭船前往澳門要求與明廷貿易時，船員被葡萄牙所殺。當時的教宗在分配土地與海洋給予葡萄牙與西班牙時，除了可能還不太確定世界有多大之外，應該也沒有問過不同地區的原住民或居民是不是同意分別受到兩國王國的管轄吧！？不久之後，雨果．格勞秀斯（Hugo Grotius）爲此寫出了《海洋自由論》，宣稱公海的自由航行權，以及國家之間的交流與貿易無須教宗的同意，都是合法的[9]。當年，還是個沒有國際公法的時代。是故，可以這麼說，「成功的」海盜獲利比不靠武力的商人高出許多。

其次，拍賣所獲得的三百四十萬荷盾，可以支付一萬二千名教師整年的薪資，更足以支付二萬八千名以上的水手一整年的薪水。十七世紀初這宗如此龐大的搶案，除了在歷史上留名以外，更表現出重商主義時期的弱肉強食之法則。再次，這種「合理的」、「理性的」掠奪式的戰爭行爲，因爲可以用極低的成本加以運作，所以，很可能得以享有極高的毛利。然而，若是與「經常性的」且「穩定的」奴隸貿易與毒品（例如鴉片）貿易相比，恐怕還是會略遜一籌，因爲搶掠（海上劫掠）的風險更高，並且不像奴隸、毒品貿易可以用賄賂來疏通當地的官員，在面對龐大的利益之時，使其睜一隻眼閉一隻眼。但無論如何，海上劫掠、奴隸貿易都是十七世紀的荷蘭「商船」駕輕就熟之事；至於販毒，就得等到十八世紀的英國將其殖民地印度所種植的鴉片運送到廣州販賣了[10]。不過，說起了奴隸貿易，來過台灣「殖民」數十年的荷蘭人可說是先行者。

販奴與理性主義

荷蘭人占領台灣數十載，除了兩座城堡——赤崁樓（普羅民遮城）與安平古堡（熱蘭遮城）——之外，在非物質文化遺產的部分，台灣人立即浮現在心中的，大概就是安平追想曲這首歌了。它是台灣人寫的，陳達儒作詞，許石作曲，描寫的是一名台灣女子，站在安平港邊思念她的荷蘭船醫的故事。當然，金髮的醫生隨著東印度公司的人員、軍隊離開大員之後，不會再回來了，船螺聲依稀迴盪在城堡與地平線之間，那直沖天際的巨大破裂音，同樣也在女子仍舊期待的心裡響起，每響一次，心就痛一次，這應該是一段異國戀情的「拖磨（台語）」。今日巨大的媽祖石像，其目光遙望著大海，但從來沒有人注意到祂遠眺的方向，竟然與安平追想曲女主角思念的方向是一樣的。

某一天下午，謝某站在港邊，彷彿看到了安平的金小姐，「身穿花紅長洋裝，風吹金髮思情郎，想郎船何往，音信全無通，伊是行船抵風浪……」的旋律。至今，吾人仍不清楚金小姐當年是不是有工作，如果有的話，也許會受到類似「天職」觀的影響而努力於她的工作。不過，清楚的是，謝某的確受到「天職」說的鼓勵，總是會想到與自己的工作——在批評時寫作，在寫作時批評——有關的議題。那時，夕陽只剩三分之一在海平面上，吾人心裡想著，當年安平的金小姐日思夜夢的荷蘭船醫，他搭過的船，應該運送過不少的奴隸，無論是經由大西洋，抑或是航行在印度洋上。會想到這樣的問題，很可能是因為某種力量的感召吧！？韋伯先生和他的支持者應該會往這個方向去找答案，因為動機對於個人主義方法學來說，至關重要。

接下來，在我們分析販奴與理性主義之間的緊密關係之前，有兩個看似矛盾的觀點，但吾人以為，這樣的「矛盾」觀點就像奴隸的買賣也可以視為理性主義之具體表現那樣自然。不過，在討論販奴與理性主義的關係之前，有兩個看似弔詭的論點值得澄清。

其一，荷蘭人一方面自豪於他們所能享受的自由，一方面卻在許多地方使用不自由的奴隸之勞動力；其二，經由大西洋的奴隸數量眞的像是我們「假定」的那樣高於經由印度洋的奴隸數量嗎？就這一點而言，我們可能低估了荷蘭人的「理性」，同時也低估了荷蘭人對印度洋奴隸貿易的「貢獻」了[11]。我們先看第一個「弔詭」之處，也就是荷蘭人在運用不自由的奴隸之勞動力的同時，心裡卻為自己身為荷蘭人而得以享受自由而感到欣慰。關於這個論點，理克．范．威利（Rik Van Welie）說：「歷史學家長期被這個令人感到好奇的弔詭之處所震懾：十七世紀的荷蘭人為其努力所得到的自由深深感到驕傲，並且在其國內容忍著（不同的意見），但同時卻在其海外殖民地使用成千上萬的奴隸為他們工作。」[12]關於這個「弔詭」處，事實上，只消請幾個御用學者幫忙找幾個冠冕堂皇的理由即可，這並不難懂，可能是范．威利的好奇心太容易被誘發罷了。道理似乎過於簡單，到了讓人無法置信的地步，吾人以為，對於歐洲的奴隸販子而言，不受良心譴責的方式之一是，將奴隸當成商品，如此的話，就不必為這些奴隸付出道德上應該受到的責備了。

自由的得與失

這一個弔詭之處，可以用兩個字來總結，那就是：自由。范・威利認爲這是矛盾的地方，因爲自由應該是屬於每個人的，但爲何只有奴隸的主人荷蘭人得以享有自由，而奴隸卻失去其自由呢？答案同樣簡單，荷蘭人並沒有將奴隸視爲人，而是將他們看成商品。而面對黑色「商品」，談論自由二字並無多大意義。

事實上，韋伯不可能不知道他的歐洲資本主義與奴隸貿易有關，而且在某處，他也提到過，資本主義的「必要」條件是形式理性的法律，這個問題我們在上一章談論很多了。另外，勞動力的部分，韋伯爲了美化歐洲的資本主義是合理的（或理性的），所以他也說了，勞動力至少得在「形式上」是自由的，但爲何韋伯不敢說勞動力也需要「實質上」的自由呢？很簡單，如果給予奴隸實質上的自由，那麼這些勞動力就會消失得無影無蹤，花了大錢買來的奴隸，的確需要一些強制力（暴力）才能讓他們安心留下來工作。韋伯說勞動力必須在「形式上」是自由的，那是因爲商人們在簽訂契約時，都是在自由的意志下簽了名的，至少奴隸並不是自由人，他們是商品，與自由意志無關。可以這麼說，將奴隸視爲商品的人之中，韋伯可稱爲先行者。接著，我們回到荷蘭的另一家公司，也就是荷蘭西印度公司（the Dutch West India Company, the Vereenigde Westindische Compagnie, WIC），這家西印度公司，與荷屬東印度公司相較之下，其買賣的「商品」更爲集中，主要就是奴隸。

在《社會學囧很大2.0》[13]，我們已經介紹過十七世紀歐洲主要的歐洲奴隸貿易公司有兩家，那就是不列顛皇家非洲公司（British Royal Africa Company, RAC）與荷蘭西印度公司。葡萄牙作爲西非黃金海岸主要的貿易者超過一個世紀，但是其壟斷地位在十七世紀初期被荷蘭西印度公司所挑戰[14]。到十七世紀晚期時，荷蘭與英格蘭（皇家非洲公司），在黃金海岸貿易占據絕對優勢，葡萄牙與法國已經被逐出這個區域，另外，黃金海岸對於英格蘭與荷蘭在黃金與奴隸貿易是如此重要，所以這二家公司都將非洲的營運總部設在此處。可以這麼說，假使沒有荷蘭人（再加上英國人）將勞動力從非洲送到美洲，特別是加勒比海地區的話，那麼，整個大西洋經濟將難以爲繼，理性的荷蘭人對資本主義的「貢獻」非同小可，相信韋伯應該聽說過，這個國家的國民大部分是信奉新教，是因爲他們的信仰，才讓他們變得如此「理性」嗎？韋伯好像是這樣告訴我們的，也要我們相信他所說的。但即使如此，這也只是大西洋的部分而已，我們還得看看荷蘭人在印度洋奴隸貿易的「成果」，一種根據「理性」逐利所獲得的成就。這樣的「成就」其實是以非洲黑人的自由、生命爲代價，但只要歐洲的奴隸販子將奴隸視爲商品的話，這些所謂的「未開化」（uncivilized）的人，在受到開化的歐洲人的調教之前，不少人得先失去生命。

除了將奴隸視爲商品之外，更爲精巧且足以讓做壞事的人免於受到譴責的方法是：找幾位學者爲其所作所爲背書。不過，這樣的方式，可能只適合西方學者而已，這是因爲當代的社會（科）學其實是在西方列強自幾個世紀以前，藉由武力向海外擴張——這正是韋伯心裡所想的，也是他反對俾斯麥只想在歐洲稱霸的原因——在國際上爭奪一席可以說話的有利位置，進而逐漸地將世界上許多國家、地區變成自己的殖民地之後，獲得「知識霸權」這項「戰利品」。舉例來說，我們用約翰．彌爾（John Stuart Mill）這位人稱「自由主義之集大成者」來當作例子，大概就可以知道吾人之意思了。彌爾終其一生追求個人的自由，而且，除了行爲將會危害他人而必須予以限制，不能以任何理由限制自由，這說法聽起來眞的是一位自由主義的集大成者才會說的話。然而，彌爾先生不只是爲英國東印度公司工作，而且還支持大英帝國的殖民活動，因爲這是爲了未開化的人民未來的幸福（功利主義）不得不爲之的政策。吾人閱讀彌爾的論述，發現其自圓其說的能力十足，想必當年大英帝國應該非常喜歡彌爾爲首的一群學者爲殖民地的所有活動背書，即使犧牲的總是被殖民者[15]。

我們回到范．威利的說法，他認爲歷史學家會被十七世紀的荷蘭人的作爲嚇到，一方面這個國家的人民享受著得來不易的自由；另一方面，卻不願意還給那些在先進武器下極易失去生命的人民寶貴的自由，讓難以計數的，來自非洲、南亞與東南亞的奴隸，爲其殖民地工作，這是范．威利認爲難以解釋之處。然而，事實上，我們有太多的例子可以看到，極具知名度的學者，願意終其一生爲其所愛（的學者或其學說）付諸心力去支持，也難怪某些學者的聲望歷久不衰，彌爾是如此，難道韋伯不是如此嗎？在上一章的討論中，我們已經看到了洪鎌德教授明確地知道韋伯支持德意志向海外擴張，但洪教授因爲太喜歡韋伯的學說，對韋伯支持「帝國主義」少有責備，這不就是學者在爲自己喜歡的人隱惡揚善嗎？看起來是這樣。總而言之，政府不難找到願意爲其錯誤行爲發現「合理的」台階之學者，也許可以稱他們爲「御用學者」吧！的確有這樣的稱呼，筆者謝某也聽過這個具有貶義的詞，但是吾人以爲，還頗適合的。

在印度洋失去自由

在印度洋上，許多人曾失去其自由，或許比在大西洋上的還多呢！

前述的第二個「弔詭」處在於，一般以爲，橫越大西洋的奴隸，也就是從非洲被「運送」到美洲的數量應該占絕大部分，但事實可能並非如此，因爲有一種說法是：經由印度洋的奴隸之總數可能高於經由大西洋的數量，只是沒有確切的統計資料而已。即使如此，我們還是可以看到一些數字，告訴我們荷蘭人使用奴隸之約略情形。奴隸來自於三個重疊的貿易圈，分別是非洲、南亞和東南亞，並且根據不連續的資料看來，在十七世紀裡，奴隸貿易歷經過六次不算長的繁榮時期，例如第三次發生在一六五九年到一六六一年之間，荷蘭東印度公司購買了八千到一萬名奴隸，大部分被送到了錫蘭（Ceylon），少部分被運至巴達維亞（Batavia）和麻六甲（Malacca）。最後一次發生在一六九四年到一六九六年，當戰事蹂躪了南印度之後，三千八百五十九名奴隸被商人運送到錫蘭。另外，就奴隸總人數而言，根據不同的來源，一項數據顯示，大約在一六八七年到一六八八年時，所有在荷蘭殖民地的奴隸總數達到六萬六千人以上。再者，十七世紀末期，印度洋海域裡，荷蘭統治的中央地區（central places）不同的奴隸人口與總人口的比例，或許可以告訴我們，奴隸的使用在荷蘭人統治的主要地區裡發揮重要的功能，在各種勞力付出之上。例如，在一六七三年、一六七九年與一六九九年這三年之中，巴達維亞的奴隸人口占總人口的比例介於百分之四十九到五十七之間；在一六九四年時，錫蘭的可倫坡（Colombo）奴隸人口比例則占百分之五十三。另外，一六七六年在馬卡薩爾（Makassar）的佛拉阿爾丁郡（Vlaardingen）奴隸人口占總人口的比例更是高達百分之六十七，三個人當中有兩個人是奴隸身分[16]。雖然上述的片段資料或許仍無法告訴我們一個相對完整的故事，但是從這些數據上來看，荷蘭在十七世紀的奴隸貿易應該有不小的貢獻。

那麼，爲何販奴會與理性主義有著密切的關係呢？因爲對韋伯而言，對其支持者——

例如蘇國勛教授——也是如此，他們相信理性（化）與資本主義有著親合關係，而後者又與累積資本、獲得財富有關，奴隸貿易在大航海時代，不少列強在「合法」競爭的時代，機會稍縱即逝，在西歐國家重商主義的意識形態的指引下，列強相當清楚，這是一場零和遊戲，別人都拿走了，自己只能望洋興嘆，但如果自己可以拿走全部的話，別人也只能擺出一張既渴望又羨慕的臉。上一章——也就是洪鎌德專章——之中，我們已經看到了韋伯支持海外擴張，因爲韋伯知道和其他列強相比，動作要快，否則好處全無，荷蘭人深知其中的道理，而且他們做得相當好，特別是在十七世紀的時候。

這麼說，在壹與零之間，列強不曾想到「責任」，不會在乎「倫理」，更不可能想到要將「責任」與「倫理」組合成「責任倫理」。

責任倫理

蘇國勛教授花了些篇幅在討論韋伯信念倫理與責任倫理這兩個概念，因爲此二概念對韋伯來說至關重要，當然，吾人亦相信對蘇教授來說也是如此才對，否則也就無須談論太多了。不過，欲瞭解韋伯的責任倫理，同時必須也要知道信念倫理。在瞭解信念倫理與責任倫理到底是什麼概念之前，請容謝某在此略微重述一下荷蘭人利用奴隸貿易連接起大西洋兩岸的重要「貢獻」。

謝某在《社會學囧很大2.0》，曾論及荷蘭所謂的「中產階級」市民，在他們掙取巨額利潤之前，不顧道德譴責，讓奴隸制度遍及整個加勒比海地區，而且與後來更大的奴隸販子——英國東印度公司——信奉英國國教者不同，荷蘭這個國家乃是信奉喀爾文教派[17]。但無論是英國國教派也好，是喀爾文教派也好，都為新教，這些教徒內心的經濟倫理應該差不多，賺了錢，都不會想去享受人生，而是再投資更有利可圖的事物，那就是奴隸貿易。十七世紀由信奉喀爾文教派的荷蘭人先賺一些，十八世紀再由信奉英國國教派的英國人接手。看來，英國國教派與喀爾文宗至少有兩個共同點，其一，反對天主教的腐敗；其二，都熱衷於奴隸貿易。當然，謝某並不認為所有教徒的工作都直接或間接地與販奴有關，這行業倒也沒法子養活兩個國家的所有國民。但是，韋伯看到的有錢人，不可能完全沒有新教徒，那麼韋伯為什麼連指責他們的勇氣都沒有呢？

荷蘭是新教國家，喀爾文宗的信徒占大多數，如此對於區分信念倫理與責任倫理就具重要性了。簡單說，謝某以為喀爾文教派的信徒們，特別是以販奴為「天職」者，應該早就忘記責任倫理應該在其內心發揮什麼作用了。然而，由於希望自己是上帝的選民，那麼信念倫理應該是信徒們仍然會謹記在心的，不同於他們早忘了的責任倫理。那麼，什麼是信念倫理？什麼是責任倫理呢？蘇國勛教授這麼說：

作爲實踐行動的倫理準則，責任倫理與此岸性相聯繫，信念倫理則與彼岸性相通。當完成某個行動時，如果想到實現的目的所需的手段以及可能出現的其他次要的結果，就要認眞思考最初的目的，這是以**對某一行爲產生的後果負責**（粗體爲吾人所加）爲前提的。這種**目的合理性的判斷只有在出於責任倫理的立場**（粗體爲吾人所加），才會擺脫單純的功利性和方便性，同時還帶有道德的性質……因爲責任倫理是把行爲所涉及的一切歸於責任才能成立……因此，責任倫理的意識愈強，就愈要求對目的合理性關係的充分徹底認識……這是一種在世界中（入世）思考的倫理……反之，信念倫理把善惡準則放在主觀信念或原則上，凡符合信念或原則的行動即爲善，反之則爲惡，至於行動所造成的後果要由彼岸的絕對者——上帝去負責。

上述這個段落有幾點值得討論，其一，歷史學家告誡我們，過去的事件有其特定的脈絡，如果我們用當代的標準去看待過去，這可能並不適當。然而，吾人以爲，歷史是研究者爲了「現在」的目的而書寫的，是現在與過去之間的對話，那麼這就不太可能不以當代的某種角度去看待過去了。奴隸制度盛行時，就有人提出將不同人種抓去當奴隸明顯違背道德，廢除奴隸制度之後，更是違法之事，那麼我們應該如何看待荷蘭商人努力去完成販賣奴隸的交易呢？吾人以爲，如果商人們將他們買回的奴隸視爲商品的話，明顯地只是爲了轉賣獲利，因此，所謂的「目的合理性判斷」可以視爲是出於爲股東謀利這個責任倫理的立場，同時也可以像是韋伯及蘇國勛教授所說的，不只可以「擺脫單純的功利性和方便性」，而且「同時還帶有道德的性質」完成商人們爲自己設下的目的。看起來，荷蘭的奴隸販子之「實踐行動的倫理準則」，也就是「責任倫理」是可以在商人的行動中得到實現的，如果簡單地將奴隸視爲與其他種類的商品沒有兩樣的話。

其二，與信念倫理相較之下，責任倫理似乎對人性不易產生任何約束的作用，因爲在信念倫理的準則底下，行動所導致的後果是由「彼岸的絕對者」上帝負責，那麼就如同韋伯所說的，因爲此岸的人（應該說信徒）總是希望得到救贖，總是期盼著自己是上帝的選民，信念倫理是可能對於行動者產生約束的作用，道德是可以產生影響的。但責任倫理就不同了。從上個段落看來，一方面，行動之目的合理性的判斷只有在出於責任倫理的立場才能看出其價值。然而責任倫理不可能像信念倫理那樣，對信徒產生約束的作用，而且只要行動者採取某（幾）項標準來衡量，並且告訴自己其行動的目的是具合理性，例如爲股東的利益負責，那麼責任倫理就不會對行動者產生約束的力量，其作用可以說微乎其微。簡單說，責任倫理與信念倫理不同，後者將行動所造成的後果交由上帝去負責，前者則必須由行動者根據自己對行動可能造成的後果負責。然而，因爲除了自己之外，沒有任何外在的強制力足以使行動者爲其行爲負責，是故所謂的「責任倫理」對於不打算負責的人根本就沒轍，責任倫理遂淪為空話。可惜，韋伯也好，蘇國勛也好，對責任倫理能否產生實質效果的這個議題興趣缺缺，可能是二者都相信人性本善。

最後，韋伯的「瞭悟」法可能用處不大，特別是在嘗試理解有錢人內心之眞實想法。前一章，我們花了不少篇幅討論了宋巴特與韋伯的對話，主要談的是，宋氏認為奢侈品貿易可能才是促成資本主義興起與發展的原因，而不是韋伯所認為的某種經濟倫理提供了資本主義完美的生存空間[18]。不過，為了和韋伯持續對話，我們還得再委屈自己一下，再一次假定韋伯的個人主義方法學是頗值得學生學習的，所以瞭解行為者的動機就變成必要之事了。於是，韋伯用「瞭悟」的路數瞭解到了有不少的新教徒賺了錢，守著禁欲主義，不享受美好的物質生活，再把錢投資到其他（更）有利可圖的行業，賺了更多錢，累積了第一桶金，資本主義就在不知不覺中誕生在新教徒的社群裡了。

就筆者謝某所知，韋伯本人並不是一位虔誠的基督徒，所以，其內心並不特別對新教——或者更具體地說，喀爾文教派的教義——產生特別的情感，而韋伯的母親是虔誠的新教徒，的確不享受物質生活。可是，韋伯的父親當年算是個有頭有臉的人，韋氏一家人住在豪宅裡，出入的人不可能是尋常百姓家的張三李四。所以，即使韋伯在家裡所見到的新教徒，他們的確富裕，也不追求過度的物質享受，但韋伯研究的是資本主義，按邏輯推論的話，他看到的應該也只有少數人是富裕的，大多數新教徒應該是貧窮的。也就是說，韋伯看到的人，不可能可以代表全部，因爲他住在豪宅裡（至少有一段時期），抽樣不是隨機的。不止於此，即使有一部分的有錢人眞不追求物質享受，然而以下的可能性或許更接近眞實的情形，因爲韋伯沒有提出證據，筆者謝某應該也不需要。

韋伯告訴我們的是，十六、十七世紀之後，新教徒賺了錢不享受，繼續投資，無意中產生了資本主義。謝某想說的卻是，新教徒賺了錢，其中的一部分人，他們也享受其辛苦的成果，買了些奢侈品，特別是歐洲在十八世紀流行「中國風」那個時期，價格不便宜的（仿明）青花瓷銷路奇佳，這名新教徒也買了幾個放在樓梯的轉角處，這可是奢侈品，買瓷器的那一次，這屋主還買了價格昂貴的福建武夷茶，偶爾在週末時犒賞自己一下，不過長時間以來，因爲自己新教徒的身分還是表現得低調些好一點。這名新教徒應該是「內斂」的，韋伯卻以爲他完完全全守著新教徒的教義，賺錢只爲了榮耀上帝，不可能有別的目的。的確，韋伯心目中完美的教徒一定存在，但謝某「看到」的新教徒同樣可能存在，而且這些有錢人的所作所爲更是符合人性。爲什麼呢？因爲資本主義的社會裡，「通常」——如果還不能稱爲「總是」的話——會是貧窮的人想學習富有的人過生活，而不是有錢的人千方百計地想學習窮人過苦日子。如此簡單的道理，韋伯竟然沒有注意到，應該是「大師」總看到了大眾沒有留意到的事物。

接下來，我們進入下一小節韋伯的宗教社會學，韋伯想要用這門學問來解釋西方崛起這件事，但謝某看到了不同的景象。

韋伯的宗教社會學

在這一小節裡，我們將說明韋伯的宗教社會學裡相對不爲人知的問題，包括西方優越性、歐洲的理性主義、經濟倫理等，此外，我們還有必要再花點時間談談責任倫理這個議題。

西方優越性

這裡談的是學術上之「西方優越性」，意謂著東方（非西方）的知識分子只能「虛心地」向西方學者——特別是所謂的大師級人物——習得研究分析的能力，而且最被西方學術界所認可者，通常是那些事事以西方設立的標準爲圭臬的東方（非西方）學者。換句話說，在學術上，「西方優越性」常常表現在東方（非西方）的學者身上，這樣的學者在其論述上支撐著西方優越性，無論是直接或間接地。具體而言，以大師韋伯爲例，我們經常可以看到只要是韋伯提出的論點大體上均被視爲是正確無誤的，無須提出證明來支持該論點；或者，充其量只是提出幾個似是而非的說法，並且看起來像是在「引經據典」的模樣，讓其支持者以爲韋伯有兩個，其一是行動的韋伯，其二是結構的韋伯，兩個韋伯都是巨擘等級的研究者，但這是假象。只是，當今多數東方（非西方）學者似乎仍然被此虛幻的畫面所蒙蔽【19】。

韋伯在對於東方（中國）社會經濟文化瞭解並不深刻的情形下，急於爲其所謂的「東、西方歷史比較研究」下結論，於是乎，在社會（科）學的領域裡，可以說有許多學者在不明就裡，不甚瞭解自身歷史的情況下，即相信、深信，與堅信大師韋伯對西方「優越感」的讚美與自滿，以及對東方「卑下感」的挖苦與嘲諷。可以這麼說，韋伯的論點至今歷久不衰，事實上，除了西方學者對於韋伯文中所包含的「西方優越感」感到與有榮焉，東方（非西方）學者對韋伯的過度「抬舉」亦貢獻不少，當然，這必須以適度「自卑」的方式爲之。無論如何，在蘇國勛教授的傑作《理性化及其限制》當中，我們的確可以發現不少對韋伯的褒揚以及幾乎是全心全意地認同西方的「優越性」。緊接著，我們看幾個例子，在這本《社會學囧很大4.0》拙著中，我們無須再找其他參考書目，將範圍縮小到本書四位要角的著作即可。在本章，則只要瞭解蘇國勛教授對大師韋伯的主要論點抱持的態度。以下，我們只須看看三個例子，因爲多說似乎也無益。

第一個例子是蘇國勛對韋伯的宗教社會學的看法，可以歸納爲以下的說法，「韋伯……把歷史上出現過的不同類型的宗教作爲一種既成的社會事實來研究，撇開宗教的眞僞優劣不論[20]，專注於它與人的行爲模式的關係和相互影響，目的在於考察他所處時代的社會發展最高形式——資本主義——與理性主義的關係，探討資本主義爲什麼會首先發生在西方而不會在東方的原因[21]」。這裡，吾人的疑問是，蘇國勛教授一點都不懷疑韋伯所說的，就爲我們「確定」了資本主義不可能先發生在東方，但爲什麼呢？蘇教授應該是認爲既然韋伯是公認的大師，資本主義最先發生在西方，並且不可能在東方發現，這還需要證明嗎？乍聽之下，還眞有點道理，然而，韋伯所說的資本主義的特質，像是視勞動爲義務、理性化與專業化、計算獲利與累積資本[22]（可計算性與可預測性）等，都可以在儒教倫理之中找到，這應該出乎韋伯及其支持者的意料之外。

第二個例子則是蘇教授對韋伯如何看待中國宗教並非沒有提出其質疑，舉例來說，他認爲韋伯將儒教看成是中國正統宗教，然而「儒教」不是嚴格意義的宗教，因爲華人社會當中，沒有人介紹自己是個（虔誠的）儒教徒。此外，韋伯反而將道教看成是異端，於是刻意地突顯了「道教的隱居遁世、主張清靜無爲，追求長壽生之道，喜歡談論風水……」等。這是韋伯不懂道教對中國的科學——特別是中醫藥學——與技術的貢獻。然而，更重要的是，吾人以爲，蘇國勛教授對韋伯的宗教社會學還是選擇了他支持韋伯的堅定立場，蘇教授說：「就其對中國宗教所做的類型化的高度概括的主要方面而言，應該說是相當精到的，表現了韋伯的睿智洞見，半個多世紀以來一直爲西方研究中國的學者所徵引。」[23]

說穿了，韋伯對儒教與道教都可以用一知半解來形容其理解程度，只是蘇國勛後來卻讚美韋伯，說是因爲幾十年來韋伯的論點是西方研究中國的學者們所引用最多者，所以，蘇國勛認爲這可以說是韋伯的睿智。然而，吾人以爲，引用韋伯的西方學者多如過江之鯽，但這可能是因爲引用了韋伯的說法，先是一錯再錯，繼而再三犯錯，與韋伯過人的智慧關係不大。

第三個例子是關於形式理性的法律，蘇國勛教授不可能沒有注意到這個問題，蘇教授總結了他的看法，他說：「理性化程度最高的法律，韋伯認爲當屬古代末期的羅馬法，但羅馬法盛行的時期卻不是羅馬帝國經濟發展的鼎盛時期；而在一些經濟理性化發展程度最高的地方，如在英國，卻主要奉行習慣法，在法律形式化方面相對落後；反之在南歐一些經濟理性化較低的天主教國家，羅馬法卻有崇高地位。」[24]看起來蘇教授對於前一章我們討論的英國問題知之甚詳，而且他也留意到不同的地區，其不同的制度——例如經濟、法律、勞動組織等——之理性化的程度，與發生的時間亦不相同，簡言之，蘇國勛於一九八〇年代晚期，即已點出了韋伯法律社會學的問題。事實上，韋伯討論法律的合理性是因爲資本主義精神在西歐被他發現了之後，資本主義只是有了發生的條件而已，還需要其他條件的配合，最好是形式合理的法律，蘇國勛的確注意到了英國問題，然而在同一個段落中，因爲涉及到了新教徒的資本主義精神，此與宗教信念有關，蘇教授在該段落的最後幾句話說：「韋伯的比較宗教學研究，立意從文化史的角度說明不同宗教倫理觀的差異和特徵，以及在不同的倫理觀念支配下社會生活的哪些方面被理性化了和朝什麼方向理性化的，目的在於發生學上說明以資本主義精神為體現的西方近代理性主義的獨特性。」[25]

筆者謝某對第三個例子有以下幾點看法，首先，從前引述的段落的最後一句話開始，很明顯地，蘇國勛教授同意韋伯的說法，在全球近代史，我們只會看到「理性化」發生在西方，其他地方不會有，因為這是西方社會才發現得到的「獨特性」，如果在近代的其他地方也能發現的話，那麼這樣的「獨特性」將不復存在，但這怎麼可能呢？就像我們在前一章所申論者，假使「理性」二字只是更有效率地達到目的，那麼非西方社會的原住民有必要在海岸邊等上數百年，直到他們看到西方人駕著大船出現在遠處地平線嗎？這根本不可能[26]。然而，蘇國勛教授卻對韋伯的論點不假思索地相信了，蘇教授同樣認為資本主義（精神）完全體現出近代西方「理性主義」的獨特性，我們稍後還會談論到理性主義，但明顯地，蘇國勛在一九八〇年代晚期將大師韋伯介紹給他的學生時，就已經相信只有近代西方才能發現「理性主義」，一直到了二〇一六年其再版的《理性化及其限制：韋伯思想引論》出版之後，三十年來，蘇教授對於韋伯的這個論點，似乎仍是深信不疑，吾人對此感到遺憾。

其次，韋伯並未說明形式理性的法律為何是理性化程度最高的理由，只是在他分類的時候，告訴我們形式理性勝過實質理性的法律，後者——韋伯以英格蘭與清中國的法律體系爲例——衍生出了英國問題，蘇國勛注意到了，但在他提及了英國問題與其他問題，例如「南歐……經濟理性化較低的天主教國家，羅馬法卻有崇高地位」等，就將英國這個國家的問題放在一邊了，當然研究者有「權力」這麼做，我們不能以此來指責蘇教授。不過在此，吾人想替蘇教授說明一下，南歐國家也許在某一個時期經濟表現不佳，現在和過去一樣，今日的南歐五國，這些國家的經濟指標或許不好，但我們最好不要像韋伯（及其支持者）那樣，以爲其「經濟理性化」較低是個重要原因，導致經濟表現不佳。其原因可能是產業競爭失利、人才不足、生產地距離目標市場太遠、過度保護本土廠商等，經濟理不理性這種原因太過籠統，也過於偏重單一面向，也就是說，研究者試圖用簡單的理由回答複雜的問題。當然，蘇教授在同一個段落的結尾處，直接推論到「理性主義」只存在近代西方這個結論，看起來是爲大師韋伯在打圓場。

簡單說，這又是一個例子，因爲提出此論點的人是韋伯，所以無須證明，韋伯是大師級人物，他認爲羅馬法是法律進化的最高境界，他認爲像羅馬法、源於羅馬法的德國民法是形式合理的法律之範本，因爲對他而言，這是理性化最高的法律。但爲什麼，韋伯沒告訴我們，只是因爲他喜歡將複雜的事物分類，所以他認爲這個才是最好的，而那個只是第二的，這個與那個就分屬第一與第二了（例如形式合理的法律與實質合理的法律），因爲韋伯已經下了定論，只是我們還是不知道爲什麼，由於韋伯沒說，也因爲其支持者在沒有證據的情形之下，還願意相信韋伯，如果今天這個沒提出證據的人不是韋伯本人，而是某位韋伯支持者自己培養的優秀學生的話，那麼這位韋伯支持者必定會狠狠地修理連證據都提不出來的愛徒了。

最後一個可以說明學者經常主動爲韋伯說好話的例子是關於發生學，事實上，蘇選擇不加解釋「發生學」，但這可能正是個嫌疑的地方。蘇教授用了其專書之中的兩章談韋伯的宗教社會學，分別是第二章的〈宗教社會學㈠：類型化比較研究〉，與第三章〈宗教社會學㈡：發生學因果分析〉[27]，可見宗教社會學在韋伯學說中所占據的位置。筆者謝某認爲第三章，蘇教授用「發生學因果分析[28]」來當作該章之副標題，可能是爲了幫韋伯在歷史研究上總是缺乏經驗資料找藉口，所以蘇教授用了「發生學」三個字但似乎不太願意稍加解釋一下這門學問到底是什麼？想做什麼？說起來，吾人以爲，發生學這三個字的問題，讀者應該會有一種似曾相識的感覺，因爲同樣的問題也發生在理念型身上。也許我們得複習一下理念型的難解問題。

現在，我們以韋伯認爲傳統中國受制於「傳統主義」這個理念型爲例，在韋伯的論述當中，我們常常看到對應於西方「現代主義」的「傳統主義」，然而，這個理念型相當籠統，其實我們總是很難看到韋伯（及其支持者）願意告訴我們，「傳統」中國的歷史相對長久，那麼有什麼具體的歷史事實，可以拿來證明它就是「傳統主義」所造成的停滯後果呢？每當我們找不到的時候，就會有學者提出以下的辯解，說是理念型具有唯名性質，是有點烏托邦的，如果在現實世界裡找不到例子的話，這也正常，充其量只能找到接近理念型的歷史材料而已。作為人文科學研究之新視角與新方法的發生學，也跟理念型有著差不多的問題。簡單來說，發生學這個跨領域的分析方式，主要是以邏輯推理的方式來推斷事物的產生與發展的學問。

發生學至少包括了心理學、社會學和語言學，因為人文科學為人的需要而生，是故，必然涉及心理學；其次，人是群居的動物，是主客體相互作用之產物，可以這麼說，人文科學同時肇因於有機體在客觀的社會（歷史）環境中產生的主觀需求，所以亦涉及社會學；再次，語言與文化、宗教密不可分，其作為認識之工具，則更是人文科學的基礎。是故，人文科學發生學的研究的確可能涉及人文科學的所有領域。剛才提到了，發生學在意的並不是具體事件的發生，而是以邏輯推斷研究來試圖瞭解事物的產生、發展。發生學與起源學不同，前者因為觀念的發生而存在，後者則是事件的發生；發生學強調主觀的認識，起源學強調客觀之現象。現在，我們回到蘇國勛教授前述的副標題，也就是「發生學因果分析」，應該可以推論，韋伯不想告訴我們到底什麼客觀的事件可以證明他看到了資本主義精神，因為蘇教授用了「發生學」替韋伯規避了找到具體事件這個任務，而發生學強調的是主觀認識，所以，蘇國勛教授只要傳授給學生韋伯的主觀看法即可，無須任何證據的支持。

綜上所述，吾人以為，蘇國勛教授為韋伯的宗教社會學加上了人文科學的發生學研究，目的是在為韋伯解套，不說不知道，說了不奇怪，畢竟韋伯是大師級人物，宣傳韋伯的智慧，似乎永遠都比批判其論點更形重要。接著，我們得再談談韋伯與蘇國勛教授如何看待理性主義。

再談理性主義

我們可以時常看到韋伯的支持者替韋伯圓場，除了對知識累積這件事並無多大幫助之外，這看起來沒有什麼不對，否則人們就會質疑支持者的立場了。理性主義這個概念在韋伯的學說當中，占據重要地位，因為資本主義有了某種精神之後，不一定能夠成長，即使成長了，也不一定會茁壯，不少韋伯的支持者很認眞地看待這樣的說法，並且認為中國——宋朝也好、明朝也罷——就是因為資本主義萌了芽，但是中國的土地裡養分不夠，所以，資本主義的小苗就凋萎。這種說法，多少反映了韋伯以「傳統主義」——阻礙著「現代」資本主義的元素——來解釋為何資本主義不會發生在中土，但是不同的是，韋伯壓根兒也不認為資本主義的小苗曾經在中國出現過。簡單說，韋伯給我們的原因是，非西方國家找不到「理性主義」，因為這是西方所獨有者。只是，韋伯充其量只是運用理念型作為分類的工具，告訴我們像是中國、印度受到「傳統主義」的影響，不可能產生「現代的」資本主義，所以這兩個古老文明，到了近代之後，落後給西方世界。事實上，韋伯極少有對具體的歷史事實做出嚴謹的分析，即使他進行了一些制度面、結構面的分析，但成果卻遠不如他熟稔的、化約的行為者動機與社會行動那般「精確」。不過，這倒也不是什麼大問題，只要韋伯的支持者願意繼續擁護韋伯在社會（科）學的至高地位即可。理性主義在韋伯的學說中，可以說相當重要，重要到好像不需要證明，因為如果我們要求看到證據的話，會讓人覺得我們是在懷疑大師韋伯所說的話。那麼，韋伯的支持者，是如何看待理性主義（理性化）的呢？我們再以蘇國勛教授為例，因為蘇教授對韋伯的學說非常熟悉，他很清楚地知道韋伯的宗教社會學之目的在論證「現代資本主義的合理性[29]」，而這種「合理性」（也就是理性化）就是資本主義精神的代表。

這麼說，韋伯關切的問題一直是，資本主義精神為何只能率先產生在近代的西歐呢？這個問題是為西歐問的。而韋伯為中國、印度問的問題則是用反面問法，像是：為什麼「資本主義不能首先產生在亞洲和近代以前歐洲[30]」？蘇國勛回答道：「在韋伯看來，通過勞動使向人類提供物質商品的組織理性化，無疑是資本主義精神的代表，在這個意義上，資本主義精神當屬整個理性主義發展的組成部分是毫無疑義的。但是，承認這一點並不意味著理性主義原則在社會生活中的推廣和運用就足以構成資本主義精神產生的充分條件，更不用說是它產生的直接原因了。因爲社會學實踐表明，理性主義在社會生活中的不同領域的發展並非總是同步平行的，在不同的民族和地域中，有的某一方面理性化程度較高，而另一方面可能較低。」[31]乍看之下，蘇國勛要我們相信，人類世界由多元民族所組成，理性化的程度不一，而且按理說，也可能以不同的方式來呈現。簡單說，蘇教授相信——而且也要我們相信——既然韋伯是大師級人物，不可能會說出任何獨斷的話，這會使大師韋伯的地位受到質疑，因爲其想法明示或隱藏著西方優越主義的意涵。

然而，我們才看完蘇國勛強調了韋伯尊重多元文化，似乎這是學習社會（科）學的人應該謹記在心的，不過，我們還得看完一段蘇教授的話再說，這比較保險些。蘇國勛說：

總之，靠勤勉、刻苦（禁欲），利用健全的會計制度精於計算（合乎理性），把資本投入生產和流通過程，從而獲取預期的利潤，所有這一切構成了一個**經濟合理性**（粗體爲吾人所加）的觀念。這種合理性觀念還表現在社會生活的其他領域，形成一種帶有普遍性的社會精神氣質（**ethos**）或社會心態（**social mentality**），然後在近代歐洲蔓延開來，這就是韋伯所說的「資本主義精神」（**the spirit of capitalism**）。它作爲**近代歐洲獨**

具的〔粗體爲吾人所加〕價值體系，驅動著人們按照目的合理性進行社會行動，最終導致了資本主義的產生。韋伯全部的經驗社會學研究中心議題是論證現代資本主義的合理性（rationality）和合法性（legality），而他的宗教社會學則通過東西方宗教的比較研究，主要目的在於論證現代資本主義的合理性[32]。

這一段引述與上一段引述都在談理性主義，但結果非常不同。前一段落中，蘇國勛教授才讚美了韋伯注意到理性（化）的多元主義，各地區速度不同，呈現出的模樣也可能有異。然而，這一段落，卻有著不同的說法，資本主義精神約略就是理性（化）或理性主義，而且，這在中古歐洲找不到，其他地方也不可能出現，因爲這種「帶有普遍性的社會精神氣質」——韋伯這樣告訴我們，而且蘇國勛也同意——是「近代歐洲獨具的」。如果讀者還不相信懂得「尊重多元」的韋伯會提出理性主義是近代歐洲所獨具者，那麼我們再看一段說明亦無妨，蘇國勛教授說：「在韋伯看來，近代歐洲文明的一切成果都是理性主義的產物：只有在合理性的行爲方式和思維的支配下，才會產生……現代資本主義。」[33]這麼說，韋伯尊重多元是假的，而眞相是：終生堅持客觀中立的韋伯，帶著西方優越主義的心態在進行他的志業——學術研究與政治活動（帶著向海外擴張的終極目標[34]）。

相信蘇國勛教授應該知道台灣的「韋伯熱」是在一九八〇年代由高承恕教授率先點火

的。上述蘇教授的問題——也就是一方面說韋伯絕對尊重不同的文化，一方面在未經審慎研究即宣稱理性主義只在近代歐洲——同樣也發生在高承恕教授身上。約莫三十年前，高承恕說過，理性化的生活方式，只存在西方近代社會，它是一個極獨特的歷史發展。並且，高教授特別強調，促成這種獨特的生活方式的原因當然是多元的，韋伯也從不曾企圖將之化約到某一或少數因素來解釋此一歷史現象。然而，高氏繼續指出，韋伯指出基督新教倫理曾經對於這種理性的生活方式（rational-methodical way of life）的促成有相當關鍵性的貢獻，新教雖不是唯一的動力，卻是不可或缺。高承恕總結道：「西方理性化的過程及其結果之所以具有這種特色，正是受到新教倫理的影響。」[35]高承恕與蘇國勛的手法如出一轍，先是讚美韋伯尊重多元的心態是可取的，再來是或明或暗地宣稱近代歐洲的理性主義是獨特的。

經濟倫理：一個錯誤的起點

也許這又是一個將西方的經驗強加在東方（中國）的例子。在遙遠的西邊，那兒有一個天主教信仰的世界，所以羅馬教宗可以管的事情很多，包括了國王能不能離婚，也包括了分配給西班牙、葡萄牙在哪個海域有航行權，在哪些區域有享受貿易壟斷權[36]。當然，教宗的權力至高無上，不必也不須問問住在遙遠地方之當地居民是否同意教宗為西、葡兩國專屬海域的劃分。這麼說，在歐洲，宗教的力量深入社會的每個層面，所以在宗教改革之前與之後，按理說，生活上應該有些許差別，舉例而言，經濟倫理就產生了變化，大師韋伯曾經這樣告訴我們，宗教改革之後，人們無須再擔心「過度」追求金錢會不會距離上帝愈來愈遠，因為新教倫理已經釋放了人們逐利的心。具體而言，歐洲在十六世紀的宗教改革之後，追求財富的力量被釋放出來，且為了更高的效率，各方面的理性化一個接一個地開始，再加上新教禁欲主義不追求物欲的享受，資本——特別是第一桶金——在無意之間被累積起來，資本主義於是出現了，因為並非在意料之中，所以具體的時間也不能確定，只知道在一群新教徒身上發現了資本主義精神，這種歐洲「獨特的」精神，可以用理性（化）或理性主義來概括之。並且，因為它很獨特，所以是別處所無，韋伯這樣告訴我們，而且歐洲以外的地方，有成千上萬讀過很多書的人都為韋伯的這個論點鼓掌叫好。蘇國勛只是其中一人而已。

蘇國勛曾經說過：「韋伯的宗教社會學所討論的正是這些『神秘的和宗教的力量』對於一種經濟的精神發展所發生的影響，或者說，他研究的是一種經濟制度的社會精神氣質（ethos）。據此，他選取了『經濟倫理』（economic ethics）作為其判斷的價值參考。」[37]那麼，韋伯選取的這個標準又是什麼呢？蘇教授接著說「經濟倫理（對經濟行為的道德判斷或經濟行爲的內驅力）[38]」。看起來，歐洲人賺（大）錢的時候，似乎都會先考慮是否合乎道德，考慮了之後，就會擱置它，得先賺錢再說，因爲道德是歐洲商人用來想的，不是用來遵循的，至少歷史是這樣告訴我們的，所以經濟倫理看起來不難，也無須再做解釋，因爲難的是實踐，不光是嘴巴說說而已。蘇國勛教授繼續談論道：「初看起來，韋伯……似乎力主一種宗教→倫理→經濟的單向決定論。實際上，他從未否認從後者向前者的逆向作用過程：「經濟倫理絕非由宗教決定的。人對世界的態度表面上似乎是由宗教或其他（在我們所說意義上的）『內在』因素決定的，然而經濟倫理當然具有很大程度的自主性。特定的經濟地理和歷史諸因素在很大程度上決定了這種自主性的尺度。但是，**宗教對生活行爲的決定**（粗體爲吾人所加）同樣也是對經濟倫理的一個——**注意只是一個**（粗體爲吾人所加）——決定因素[39]」。看起來，韋伯好像很尊重所謂的「自主性」，當然，對韋伯來說，最重要的還是「宗教對生活行爲的決定」，而這就是筆者謝某所要說的，非西方社會的宗教也很重要，但它不會對當地人的生活行爲產生決定性的影響，這點與歐洲不甚相同。

上述蘇國勛教授對於大師韋伯的宗教社會學之分析，聽起來似乎有道理，但其實是一個錯誤的開始，因爲西方學者數百年來最喜歡拿來與歐洲做比較的東方——具體而言即中國——並非政教合一的國家，宗教扮演著一定的地位，但並沒有對人民的生活進行「干涉」，人們即使在非常重要的節日卻沒有準備祭品在家門口拜拜，最多也只會被街坊鄰居在背後指指點點而已，基本上不會有其他的問題發生，至少沒有所謂的宗教法庭派人來抓走那位沒點香拜拜的人。所以，蘇國勛在解釋韋伯除了主張宗教→倫理→經濟的單向決定論之外，蘇教授相信韋伯對於反方向的影響亦留意了，但這不重要，因爲生活在東方（中國）社會的人民不會因爲某個宗教信仰而決定自己應該賺多少錢，才不會爲此而遠離「上帝」，也不會考慮是不是自己擁有太多錢而讓「上帝」不喜歡自己，最終得不到救贖。韋伯在意的事，並沒有發生在中國這塊「古老」的土地上。如果有類似的事情發生，就是儒家（經濟）倫理要人們凡事要講信用，無論長大成人之後是否以商業爲謀生之手段，或者只是打零工餬口。簡單說，歐洲的經驗可能很寶貴，但在東方（中國）並不一定適用。

另外，所謂的「結構的」韋伯——也就是那位對於制度面分析也很厲害的巨擘韋伯先生——應該感到有趣的問題是：中國人民其實沒有一種源自於某種宗教的經濟倫理，進而導致教徒之逐利的內在驅動力，能不能得到救贖這件事，在「傳統」中國不具重要性，事實是：韋伯認定的「傳統」中國在找不到西歐人民的內在驅動力的情況下，仍然可在唐朝、宋朝、明朝——特別是十五世紀初、十六世紀末與十七世紀初期——看到商業繁榮的時期，與清朝初期的康、雍、乾盛世，在經濟方現表現得可圈可點，遠遠勝過西歐地區。吾人的疑問是：爲何一定得找到經濟倫理，而且是源自於某宗教的經濟倫理，某一群人才會想要努力地賺錢？況且，想賺大錢的人很多，能賺大錢的人很少，這才是普遍的狀況。

簡言之，韋伯以經濟倫理作爲一個衡量的指標，這是個錯誤的開始。其支持者對這個指標依然不願意放手，最終導致一錯再錯。當然，這還不是全部，我們再看看責任倫理的問題。

再談責任倫理

這一小節之後，我們得再談責任倫理，因爲這與資本主義精神（的背離）有關，也許韋伯當年就已經極具遠見地看到了他那個時代的問題，資本主義所產生的「不可預期的」[40]問題。

背離資本主義精神

事實上，吾人以爲，韋伯以及其支持者所珍愛的「資本主義精神」已在二、三百年前，甚至是更早以前，就已經不爲資本家（或稱「現代」企業家）視爲鼓舞個人某種行爲的動機了，具體而言，韋伯在十九世紀末二十世紀初所看見的，事實上，許久以前即已存在，絕非如蘇國勛所言，是因爲韋伯有其睿智才得以見著。爲什麼？簡單說，荷蘭是個喀爾文教派國家，十七世紀時，這個「海上霸權」是奴隸貿易之掌控者[41]，相信不少奴隸販子是虔誠的教徒，這些人在暴利的驅使之下，還會在乎新教倫理嗎？還需要新教教義衍生出來的經濟倫理來指引他們向前行嗎？應該不需要了。

蘇國勛教授當然不會沒發現韋伯在一個世紀以前就已經發現了資本主義的問題了，蘇教授說：

> 現代資本主義的發展已經背離了新教禁欲主義價值關心的初衷，現代資產者為贏利而贏利，他們使用精密的理性計算技術把社會的一切全盤「理性化」了，一切都變成了自己贏利的工具，過去以「上帝的召喚」為「天職」的清教徒已經變成了「沒有精神的專家，不懂感情的享樂者」。因此，資本主義的「合理性」是一種工具的合理性和價值的非理性」，或者如韋伯所說，是一種「形式的合理性和實質的非理性」。韋伯以深刻的睿智洞察到，在現代資本主義的社會結構與文化價值之間存在著不可消解的衝突，這一境況是現代人所無法規避的「命運」。據此他曾像古代猶太教先知一樣預言：「我們面對的，不是花叢錦簇的夏日，而是冰凍冷酷的冬夜。」[42]

事實上，筆者謝某不認為「現代資本主義……背離了新教禁欲主義……的初衷……資產者爲贏利而贏利……過去以『上帝的召喚』爲『天職』的清教徒已經變成了『沒有精神的專家，不懂感情的享樂者』」，事實上，過去資本主義即已遠離新教倫理之初衷。吾人以爲即使韋伯有著「深刻的睿智」，仍然無法看到荷蘭這個以喀爾文宗爲主的國家，十七世紀控制了全球的奴隸貿易，更是「洞察」不到英國這個英國國教派的國家，約莫在十八世紀接手了高毛利（暴利）的奴隸貿易，看起來對抗舊教的新教——喀爾文教派也好或是英國國教派也罷——爲主要宗教的國家，其繁榮富裕與奴隸貿易之間存在著親合關係。然而，這樣的關係，韋伯與其支持者會盡量避而不談，相反地，談一談責任倫理倒比較容易得到掌聲。那麼，古代的「猶太先知」會要我們如何度過「冰凍冷酷的冬夜」呢？

重拾資本主義精神

由於等著我們的並非「花叢錦簇的夏日」，而是冷酷無情的寒冬，爲此，大師韋伯再度爲我們而傷神煩憂了，曾經因爲韋伯悲天憫人的胸懷而感動的蘇國勛教授於是乎繼續寫道：

面對這一使人沮喪而又不得不接受的現實，人應持何種態度？韋伯的回答是明確而堅定的：按責任倫理行事。他以宗教改革先驅馬丁．路德爲榜樣，並援引後者〔路德〕於一五二一年四月十八日在沃爾姆斯城議會上與查爾斯五世皇帝辯論結尾時的一句名言，寫道：「眞正令人感動的是一個**成熟的**〔強調爲原文所有〕人，無論其年歲大小，他爲自己的行動後果負責並以全副身心感受到這一責任。他按責任倫理行事，當某種情況來臨時他會說『這就是我的立場；我只能如此』。這是一個眞正的人和令人爲之感動的人。我們之中的每個人有精神尚未泯滅，必然會在某個時刻發現自己置身於這種境況。」【43】

看起來，韋伯受到新教的啓發極大，因爲路德宗也是宗教改革的一股重要力量，韋伯常常掛在嘴邊的責任倫理，就是以路德爲榜樣。路德的名言，的確發人深省，一個「成熟的」人必然會爲了自己的行爲後果負責，因爲這樣的人會按責任倫理行事，而且，按照責任倫理行事的人，是一個「眞正的人」，同時也是「令人爲之感動的人」。當然，如果每個人都將責任倫理視爲行動的準則，那麼，應該不會有人提出「鐵籠」（或「鐵牢」，iron cage），這種如此讓人憂心忡忡的資本主義之困境了。

針對上述的困境，韋伯提出的「藥方」是責任倫理，事實上，此藥方不僅僅對於背離（資本主義精神）者有效而已，它還有其他的功效，是故，我們得再談責任倫理。蘇國勛這麼說：「韋伯認爲，文藝復興和宗教改革以降，對於近代歐洲人來說，這一『世界觀』

根據無非就是責任倫理觀。只要站在責任倫理立場，就無法排除對目的－手段合理性的事實認識，因爲責任倫理必須基於對行爲後果負責始能成立，行爲的後果只有納入目的－手段合理性的關係中才能被認識。因此責任感愈強，對目的－手段合理性關係的認識就愈充分、愈徹底，就愈益要求在倫理信念與社會行動中表現出嚴格的首尾一貫性[44]」。這裡，我們再回到奴隸販子的心理狀態，並且用韋伯熟悉的「瞭悟」法，來設身處地地爲這些不甘心讓買賣奴隸這種高毛利的事業拱手讓人的荷蘭巨賈設想一下，將他們的心理狀態調整到最好，也就是最不受（道德）譴責。

應該這麼看，逐利是商人的本能，憑直覺都能看到利潤最豐的商機，如果這位（或這些）奴隸買賣商人，剛好又是虔誠的喀爾文宗——或路德宗，又或是英國國教派——的信徒，在新教倫理的指引下，他們努力賺錢，多轉手幾批奴隸，賺了錢又將錢存下來，再購買（或投資）三艘大船，可以運送更多奴隸到加勒比海，或者東印度群島，那麼，這些商人該如何解釋目的－手段合理性關係，以便於讓自己的責任感更強呢？其實不難，簡單到連韋伯都不想研究了，只消將黑人當成商品即可，而且投資愈多的股東對黑人的興趣更大，因爲奴隸的毛利奇高，一切的努力都是爲了股東的利益，完美的解釋，責任倫理與目的－手段合理性互相支撐著彼此，荷蘭的奴隸販子與加勒比海（有著龐大奴隸需求）的莊園主人熱切地需要著對方。

在這一個不算小的「小節」，可以說是本章的重心（之一），也就是韋伯的宗教社會學當中，我們討論了四個子題，包括西方的優越感、歐洲獨有的理性主義、經濟倫理以及再談責任倫理。我們看到了不少的景象，吾人以爲，其中的某些部分應該值得重述一下。比方說，我們看到了幾個例子，足以說明韋伯的宗教社會學之論述當中，如果不是明示的話，至少隱含著西方優越主義，這倒是值得留意的地方。

接下來，我們看看三十年過去了，蘇國勛教授對大師韋伯的看法改變了哪些？又有哪些是維持一樣的呢？

三十年的變與不變

這一小節之中，我們將重心置於蘇國勛教授專書《理性化及其限制》的五篇附錄。如前所述，這五篇附錄均是在二〇〇〇年之後寫出的，蘇教授認爲附錄的文章作爲先前版本的補充再適合不過了，在儘可能地保持三十年前那個版本的「原汁原味」的前提之下，這五篇附錄裡的文章，應該可以視爲蘇教授過去所理解的韋伯所做的「反省」。

在開始之前，我們先定義「變」與「不變」這兩個對立的概念，當然，定義必須與蘇國勛教授如何詮釋韋伯的論點有關。這裡，「變」的定義是指蘇國勛教授之《理性化及其限制》的兩個版本——即一九八八年版與二〇一六年版——之間存在著差異，這應該可以視爲「進步」的，是「有益」的，畢竟，蘇教授花了三十年（以上）的時間鑽研大師韋伯的作品，其間付出的心力，也絕非三言兩語可以訴盡。反之，「不變」的定義表示兩個版本之間沒有差異，或者僅僅有微小的不同而可以視爲相同者，吾人會舉出三十年來沒有太大變化的瑕疵，就蘇教授對韋伯的看法而言，當然謝某會說明韋伯的某個（某些）說法不具說服力，然而可惜的是，蘇教授卻認爲這個（這些）沒有說服力的說法，幾乎完全不影響韋伯大師級的地位。是故，「不變」二字可以視爲三十年之後的蘇教授對韋伯的看法是「停滯」的，甚至是「有害」的，至少，對下一代的社會（科）學的教育來說。

新舊版之間的「變」

我們從蘇國勛教授之大作《理性化及其限制》的附錄一〈《新教倫理與資本主義精神》中文新譯本譯者序言〉開始。首先，蘇國勛爲韋伯的成名之作《新教倫理與資本主義精神》（簡稱《新教倫理》）的中文新譯本寫了譯者序言。舊的版本有二，其一是由于曉、陳維綱等人翻譯，北京三聯書店於一九八七年出版；其二是由康樂、簡惠美翻譯，台北遠流出版社於一九八八年問世，這兩本《新教倫理》都是根據美國傑出社會學家，也是結構功能論的創始者塔爾科特．帕森斯（Talcott Parsons, 1902-1979）進行翻譯與註解。第三本《新教倫理》是由北京社會科學文獻出版社規劃出版，蘇國勛教授是當年三聯版的審校者之一，同時也是二〇一〇年社科文獻新版的譯者，由蘇教授爲新版的《新教倫理》寫序當之無愧，並且，他也說明了新版與舊版之間的差別、變化，也是「進步」的地方。

蘇國勛教授將新版的《新教倫理》中文新譯本譯者序言放在附錄一，原因無他，《新教倫理》是韋伯生前唯一出版的專書，也是最著名、影響力最大的作品，放在蘇教授的《理性化及其限制：韋伯思想引介》書中的第一篇附錄裡，自有其必要性。那麼，新版的不同在哪裡呢？社科文獻版是根據當代美國知名的社會學家史蒂芬．卡爾伯格（Stephen Kalberg）於二〇〇二年的新版英文譯本，並且參考德文原文翻譯的。蘇國勛認爲帕氏的譯本雖有其重要性，然而數十年前的語文至今變化不小，且當年帕森斯是爲了學者專家與大學在校生而寫，一般不諳熟西方人文科學的讀者不易吸收。卡爾伯格的譯本的觀念術語與寫作方式均較適合現代年輕的一般讀者，並且卡氏對於重要學術概念、重大歷史事件，與文化典故都做出了解讀[45]。以上，可以說是蘇國勛教授在過去三十年之間持續進步之表現，簡單來說，這是譯本新舊版之間的「變」，就學術的提升而言，可以視爲進步。

接著，附錄二〈韋伯的社會經濟學思想〉，蘇國勛認爲韋伯絕非一位單純倚重文化視角的學者，他相信大師韋伯也長於制度面的分析，只可惜長時間以來，學者大都忽略了韋伯在制度方面的研究亦是可圈可點，蘇國勛爲此感到不解與遺憾，直到了二〇〇七年蘇教授爲其友人何蓉翻譯瑞典學者理查・斯威德伯格（Richard Swedberg）之大作《馬克斯・韋伯與經濟社會學思想》[46]寫了推薦信之後，蘇國勛發現斯威德伯格解決了上述的問題，因爲在該書之中，斯氏巧妙結合了文化面與制度面的研究，正好解決了蘇教授上述之苦惱，蘇氏相信，在該書之後，過去忽略韋伯在制度上面的分析，總算有一本書可以支持蘇教授的想法，同時也解決了學者視韋伯偏重於文化研究的誤解。關於上述蘇國勛的看法，吾人相信蘇教授是有所本的，因爲就謝某所知，韋伯另外兩本大作——《中國的宗教》[47]與《經濟與社會》[48]——的確有許許多多關於制度面的分析，與韋伯「（偏重）文化面」研究的《新教倫理》確有不同。

可以這麼說，蘇國勛教授舊版與新版的《理性化及其限制》之區別在於新版對於韋伯分析制度的能力找到了瑞典學者斯威德伯格的背書，消解了過去蘇教授在上個世紀詮釋韋伯時所留下的遺憾。

附錄三是〈從韋伯的視角看現代性——答問錄〉，在這篇文章中，蘇國勛發現了韋伯在個人生活、思想以及作法上的矛盾之處，而事實上，我們已經在前一章，也就是洪鎌德專章中提及，後來的蘇教授也注意到了此矛盾。他說：「一方面他〔韋伯〕是個自由主義者，他對德皇威廉的批判包括對壓制人性自由的俾斯麥政權的批判，揭露封建容克地主階級阻撓德國資本主義發展的倒行逆施，都深深表明了他的自由主義傾向。另一方面他又是個國家主義者、民族主義者，主張要爲德國工業資本主義的發展掃清障礙，爲此倡導政治上要有『卡理斯瑪式的領導』。」[49]蘇國勛教授可能還是有些捨不得批判韋伯，但是至少，他的的確確看到了韋伯個人內在的矛盾。

接著，我們看看附錄四〈形式合理與實質合理並重，社會才能穩定〉，在此文當中，蘇國勛認爲：「韋伯所說『迷信巫術和傳統主義是中國文化的特徵』……有他那時代西方學者普遍具有的『歐洲中心論』的偏見。韋伯的這一結論主要是針對儒家和道教而言的，其中包含著許多對東方文化認知上的缺陷，例如他對道教看法不僅落後於當時歐洲學術界對道教的認知水準，而且也爲現代科學史所證僞（如李約瑟對道家文化與自然科學關係的論述）。」[50]吾人以爲，這亦可視爲新舊版之間的進步，原因在於道教本來是韋伯拿來與西方新教相對比的世界宗教之一，對於韋伯的支持者——吾人相信蘇國勛教授也在其中——而言，畢竟韋伯是其支持者心目中視爲學習之對象，在學習的過程中，多半的時間是在尋找可以從韋伯這位大師身上學到的概念、新思維等，在此情形之下，支持者要稍微批評大師韋伯，絕非反掌折枝般地容易，應該得先轉換心境才能爲之。

是故，筆者謝某以爲，道教是韋伯所選擇的「東方」宗教來對照西方新教，那麼在這樣的情境之下，蘇國勛說出了韋伯對中國道教的認知水準還不如當年歐洲學術界已經達到的水準，簡單說，韋伯對道教的理解還不如當時的一般水平，所以在這樣難堪局面下，韋伯拿新教與道教相比較，到底能得出什麼有用的結論呢？吾人深表懷疑。蘇國勛提出了上述的看法，不能說不是進步，特別是對於韋伯的支持者而言。

附錄五則是〈韋伯與中國文化〉，蘇教授直截了當地說：「韋伯從儒教與清教對比的角度歸納出中西文化的本質特徵，即：西方文化的理性主義意在理性地支配世界，中國文化的理性主義意在理性地適應世界……從比較歷史的長時對中西文化的本質特徵的高度概括，一方面高屋建瓴，充滿了那一時代歐洲學者的博識和洞見；另一方面是瑕瑜互見，大體上代表了那一時期『歐洲中心論』學者對中國文化的誤讀和認知不足。」[51]謝某以爲，蘇國勛教授用了「歐洲中心論」這樣的標籤，貼在韋伯的身上，這相當不容易，特別是在三十年之後。事實上，在全書當中蘇教授並沒有在太多地方提到韋伯與「歐洲中心論」之間的關係，然而，蘇教授有如此的體認，這確實是個好的開始，甚至是「突破」，畢竟蘇教授應該還是以韋伯（學）專家自居。

以上是三十年來的變化，也是相對進步之處。接下來，我們馬上轉到另一個議題之上，也就是蘇教授「不變」的地方。

新舊版之間的「不變」

首先，我們再看附錄一，蘇國勛教授繼續附和韋伯的說法，蘇教授堅信韋伯對制度面的研究可圈可點，舉例而言，蘇教授認爲除了新教倫理可以找到的資本主義精神之外，資本主義要長成，還得有些物質條件、制度的配合，是故，韋伯歸納了幾個因素，像是「市場的自由交易」、「發達的貨幣經濟」、「勞動力的商品化」、「複式簿記」、「形式法律制度的保障」與「經濟生活的商業化」等，蘇教授打算告訴我們，韋伯在分析他所謂的「現代資本主義」制度，並非只注意到精神而已，大師韋伯也分析了物質條件[52]。可是，吾人以爲，蘇國勛只是相信韋伯而已，並不清楚韋伯的論點到底是不是眞的。上述提到的幾個因素，除了形式法律制度與複式簿記二者之外，其他的因素同樣在「傳統」中國可以找得到，韋伯認爲中國法律體系並非形式理性，但即使如此，法律仍然保障了人民的生命與財產，可惜，韋伯連中國這個義務觀社會如何使其法律得到有效運作都不清楚，蘇國勛教授也是[53]。至於複式簿記，說實話，筆者謝某大學時所學的「專業」是企業管理，很難想像某一種記帳的方式可以讓西方興起，同時使東方衰落，而且，在中英文文獻裡，也不曾看過複式記帳法的神奇力量，吾人猜想，可能在韋伯的德文著作裡可以找得到，但無法確定。不過，學者耶梅（B.S. Yamey）認爲，實際上「在十九世紀之前……絕大部分企業採用的是單一的記帳形式；這也說明，複式分錄系統所具有的特點並不那爲人所高度重視」。另外，有一說法指出，韋伯認爲相對無法適應資本主義發展的「單一登錄系統輔以一個現金帳本或『備忘錄』即可滿足」[54]。看來韋伯過度誇大了某種看起來複雜一些的記帳方式，但這種拿一個小小的帳本就想要回答一個歷史上的大問題，實在不像大師會做的事，蘇國勛相信韋伯的複式簿記是了不起的，這倒是情有可原，因爲韋伯才是應該受責備的人。

在附錄二之中，前述的「新舊版之間的『變』」，我們才剛提到蘇國勛教授爲了斯威德伯格（Richard Swedberg）之大作《馬克斯・韋伯與經濟社會學思想》而感到欣慰，原因是韋伯由於（過度）倚重文化面——具體地說，是新教天職說與經濟倫理——的分析，使得制度面的分析爲人所淡忘，實爲可惜，至少蘇國勛是這麼認爲的。所幸，斯威德伯格的大作出版了，才讓人們有機會能更深刻地瞭解韋伯博大精深的思維體系。可是，吾人以爲，新舊版「不變」的是：蘇國勛基本上相信韋伯已經完成了制度面的研究，而且因爲韋伯是大師級人物，「應該」不會有什麼差錯才對。

問題來了，吾人以爲，韋伯所謂的「制度面」研究是不及格的，特別是關於「傳統」中國的議題，韋伯是知之甚寡。事實上，筆者謝某已在〈走入歷史也就走出困境〉[55]一文中提到了，所謂「結構的」韋伯——專長於制度面分析——在其研究之中顯露出來的「四大錯誤」與「七項缺失」，總共列出了十一項，若不區分或大或小的話。當然，這裡應該不太適合全部重新再提一次，但舉幾個例子應該是可以被接受的。像是韋伯說中國貴金屬增加了卻強化傳統主義、中國的城市有城牆是理性的象徵、清初至中葉人民精神的停滯狀態、中國是個內地貿易的國家、貨幣經濟比不上埃及托勒密王朝、韋伯爲中國人很少喝牛奶而感到可惜、土地測量技術無法與日耳曼或羅馬測量技師相比、中國法律在秦朝就停滯不前，以及只在乎修身的儒士完全沒有專業能力等[56]。這些問題已經多到韋伯難以一一回答，可惜的倒不是蘇國勛教授所說的，學者大抵忽略了韋伯制度面的分析能力，而是大多數的學者根本不知道韋伯根本沒有分析制度的能力，這才是問題之所在。

那麼，附錄三告訴我們什麼呢？可以這麼說，三十年過了，蘇國勛似乎仍然不願意花點時間瞭解「傳統」中國法，於是，他支持韋伯批評中國城市居民無法產生市民意識，甚至是人民的生命財產都無法受到法律的保障。例如他說，韋伯「考察了中國古代的社會生活組織後認爲，以城郭爲地域界限的城市雖有很大發展，但缺少西歐中世紀以來城邦在政治和軍事上的自主性和公民意識，因而歐洲近代新興的市民階層難以在中國出現。由於沒有形式的和可靠的法律保護工商業的自由發展，經商和務工居民只好組成同業行會實行自我保護[57]……」。吾人以爲，這段落充分顯示了新舊版《理性化及其限制》之間的「停滯性」，因爲三十年之後，蘇國勛仍然對「傳統」中國是個義務觀社會並不瞭解，當然也就不可能知道義務觀的法律體系之特色，不清楚人民如何在沒有「權利」的情形下保護自身之生命（「權」）與財產（「權」）。吾人以為，這是讓人感到遺憾之處。

在附錄四之中，我們可以看出蘇國勛教授對韋伯提出的看法，在三十年之後，仍舊懷抱著支持的態度，謝某難以接受。例如，蘇教授在談到他認為韋伯的論述仍具吸引力並且結合了他對現實的關注，具體而言，是文革後的反思，與八〇年代後期改革開放所遭遇之瓶頸，蘇教授希望可以找到啓迪。此外，引起蘇國勛感到興趣者，還在於：

> 韋伯關於中國文化的論述，雖然主要目的在於論證何以資本主義時首先發生在歐洲而不是發生在中國，然而也從側面揭示了中國社會在制度上和文化上存在著不利於資本主義發展的結構性阻力……見諸社會生活層面，就是迷信傳統、缺乏變革現實的必要創新張力。韋伯的這些思想和見解極具知識論上的吸引力，使人一經接觸更引發遐想並發生思想碰撞，由此一發而不可收[58]。

以上這個段落，看起來，蘇國勛似乎完全贊同韋伯用「傳統主義」來形容中國文化，和韋伯一樣落入了西方哲學二分法的陷阱裡，謝某以為，韋伯的論點深受其害，蘇國勛也沒能逃出。

最後，我們看看附錄五有什麼「不變」之處。這麼說，蘇國勛教授對韋伯以下的說法，沒有批評，默默地接受，但吾人有不同的看法。蘇教授說：「韋伯透過中西宗教的比較研究後認爲，從思想觀念上，西方宗教講求超越性，而中國人相信現在，思想觀念缺乏一人格化的、超越性的、倫理性的神祇，現世與彼世（超越界）之間的必要張力，迄今尚付闕如，換言之，中國文化傾向批判地肯定現世，這是變革社會現實的結構性阻力。」【59】這裡，我們再度看到了韋伯這位歷史學家，找不到具體的經驗事實來證明，西方正是因爲擁有「現世與彼世之間的必要張力」就能改變現況，突破限制，向進步的方向邁進，東方——中國也好，印度也罷——因爲肯定現世，卻成了改造社會的阻力，依韋伯的看法是：要改變社會先得找到一種張力，而且，這種張力只有西方才有，得向西方商借。這是大師韋伯的論點，眞是讓人一頭霧水，更誇張的是，蘇國勛在三十年之後，還深信著韋伯這個論點。

以上，我們檢視了蘇國勛教授在二十一世紀初寫的文章，並且放入其專書的附錄之中，這個增加的部分，可以視爲一九八八年舊版本的補充資料，然而，我們看到了不少蘇國勛的論點，與三十年前的觀點差異甚微。

本章結語

在宗教改革之後，新教倫理成爲一種新的生活方式，一方面信徒可以在逐利的同時，不需要再擔心被上帝指責，此種心態一旦擴散開來，就沒有任何方法可以再次阻止了，於是教徒們賺到了先前沒法子掙到的大筆財富。但這樣還不夠，新教倫理還要信徒禁欲，當然，這是針對賺到大筆財富的人，如果信徒的家庭只是小康，也不太可能享受榮華富貴，禁欲與否，並不重要，因爲這個月多花了錢，下個月就得縮衣節食。不過，對於賺了大錢的教徒而言，禁欲主義就變得重要了，因爲社會上必須有足夠的資本進行投資，才能在下一回合獲得更多的利潤，累積更多的財富。時光飛逝，宗教改革後的一段時間，沒有人確定是何時，就連告訴我們上述這個故事的韋伯也不知道，資本主義是何時出現的？只知道韋伯說過，反正資本主義在無法預期的情況下出現了，而且，就是出現在新教徒聚集的地方，其他的地方是沒有的。總之，資本主義就是出現了，請大家不要懷疑，因爲說出這個論點的人不是別人，是大師韋伯。

韋伯告訴我們，資本主義與理性主義是同義詞，就算沒有百分之百同義，也是非常接近的。資本主義精神與理性化應該是同時發生，在許多韋伯的著作中，看起來的確如此，然而，韋伯告訴我們，得先有精神，人們才會有行動的動機，那是一種經濟倫理的外顯行爲，所以按照韋伯的說法，我們在看到資本主義之前，得先找到某種精神，而且，這種精神與宗教有關，於是韋伯就比較了中國的儒教、道教，印度的婆羅門教，與阿拉伯世界的回教這幾個世界的大宗教。在韋伯嚴謹的比較之下，這些被比下去的宗教，沒有一個足以產生新教倫理裡頭有的資本主義精神，於是，西方崛起了，東方衰落了，西方成爲了今日的西方，東方還是昨天的東方。

但是，韋伯只看到了西方的「崛起」，於是就爲西方設計並打造出一個評量的工具，並且用這樣的量尺來衡量出「西方」的「有」，以及「東方」的「無」，不管這個測量的指標要取名爲新教倫理，或是資本主義精神。其實，這個爲西方訂製的指標也可以叫做經濟倫理，不然的話，稱之爲理性主義也說得通。

◆註解◆

[1] 蘇國勛，《理性化及其限制：韋伯思想引論》（上海：人民出版社，一九八八）；蘇國勛，《理性化及其限制》（台北：桂冠出版社，一九八九）。

[2] 蘇國勛，〈再版前言〉，《理性化及其限制》（北京：商務印書館，二〇一六），頁一～四，第一、二頁。

[3] 清教徒是喀爾文教派的一支，目前任職於輔仁大學社會學系的謝宏仁解釋道：「清教徒（Puritan，源於拉丁文的*Purus*，意清潔）為喀爾文新教的分支，他們要求英國教會捨棄羅馬公教會儀式與神職人員的任命。此外，他們相信《聖經》是唯一的最高權威，任何人或者教會都無法成為傳統權威的詮釋者與維護者。後來，清教徒在瑪麗一世的迫害下，部分會眾流亡至歐洲大陸的英國新教團體，之後其中部分人輾轉到達北美。」引自謝宏仁，第四章，〈重讀經典《新教倫理與資本主義精神》〉，《社會學囧很大2.0：看大師韋伯為何誤導人類思維》（台北：五南圖書，二〇一九），頁一七九～二三四，第二二九、二三〇頁。

[4] 蘇國勛，《理性化及其限制》，第二二四頁。

[5] 瑪克士（馬克斯）．韋伯（Max Weber），斯提芬．卡爾伯格（Stephen Kalberg）譯，《新教倫理與資本主義精神》（北京：社會科學文獻出版社，二〇〇二），第一一四頁，引自蘇國勛，《理性化及其限制》，第二二四、二二五頁。

[6] 引自洪鎌德，《韋伯法政思想的評析》（台北：五南圖書，二〇二一），第十六頁。韋伯這個定義與他耿耿於懷的責任倫理存在著明顯的衝突，不過，蘇國勛教授在其專著中，雖然花了不少篇幅在談論這個概念，但蘇教授似乎不認為責任倫理在韋伯的學說中有任何問題存在。

[7] 艾利．利邦（Elie Ripon），賴慧芸譯，《利邦上尉東印度航海歷險記：一位傭兵的日誌1617-1627》（台北：財團法人曹永和文教基金會出版，二〇一二），頁一〇九～一一一，引自楊渡，《澎湖灣的荷蘭船：十七世紀荷蘭人怎麼來到台灣》（台北：南方家園文化事業，二〇二一），第一一六頁。

[8] 楊渡，《澎湖灣的荷蘭船》，第一一六頁。

[9] 胡果（雨果）．格勞秀斯（Hugo Grotius），馬呈元譯，《海洋自由論》（北京：中國政法大學出版社，二〇

一八）。另外，格勞秀斯另一大作與戰爭、戰利品有關，請參照雨果．格勞秀斯（Hugo Grotius），張乃根、馬忠法、羅國強、王林彬、楊毅譯，《捕獲法》（上海：上海人民出版社，二〇二〇）。

[10] 請參照，謝宏仁，第五章，〈鴉片的政治經濟學〉，《顛覆你的歷史觀：連歷史老師也不知道的史實》，增訂二版，（台北：五南圖書，二〇二一），頁一八七～二三一。

[11] J. Bruce Jacob, "The Rise of the Dutch Empire: the Broader Context of the Dutch Colonisation of Taiwan," *International Journal of Taiwan Studies*, Vol. 12, Issue 2 (Sept. 2019), pp. 365-375.

[12] Rik Van Welie, "Slave Trading and Slavery in the Dutch Colonial Empire: A Global Comparison," *New West Indian Guide/Nieuwe West-Indische Gids*, Vol. 82, No. 1-2, pp. 47-96, p. 48, cited in Jacob, "The Rise of the Dutch Empire," p. 371.

[13] 謝宏仁，《社會學囧很大2.0》。

[14] 請參照例如，Jonathan I. Israel, *Dutch Primacy in World Trade, 1585-1740*, (Oxford: Clarendon Press, 1989)。

[15] 謝宏仁，第二章，〈彌爾（John Stuart Mill）—19世紀大英帝國殖民主義的化妝師〉，《歐洲中心主義與社會科學：挑戰西方至上的舊思維》（台北：五南圖書，二〇二三），頁四一～八六。另一個例子是，當今英國知名的歷史學家，也是為大英帝國擦脂抹粉的尼爾．弗格森（Niall Ferguson, 1964-），關於其說法，請參照謝宏仁，第十一章，〈弗格森（Niall Ferguson）—為成就108課綱，教育部長採信大英帝國的謊言〉，《歐洲中心主義與社會科學》，頁二九七～三三三。

[16] Markus Vink, "'The World's Oldest Trade': Dutch Slavery and Slave Trade in the Indian Ocean in the Seventeenth Century," *Journal of World History*, Vol. 14, No. 2 (2003), pp. 131-177, p. 142-143, p. 148 (Table 2), p. 166-167(Table 4).

[17] 彭慕蘭（Kenneth Pomeranz），史蒂芬．托皮克（Steve Topik），黃中憲譯，〈熱帶荷蘭人：中產階級市民如何成為奴隸販子〉，《貿易打造的世界：社會、文化、世界經濟，從一四〇〇到現在》（台北：如果出版事業，二〇一二），第一四三頁。

[18] 吾人並不認為單單只是奢侈品就能讓資本主義得以成長茁壯，但是，長程貿易如果沒有奢侈品提供了攫取（超）高毛利的機會的話，大概少有人願意付出龐大的成本去冒著血本無歸的風險才對。當然，在某些天災

人禍的情形下，糧食也可能產生較高毛利，另外，像是鹽這種生活必需品，長途運送有其必要性，不見得與毛利的高低有關。然而，韋伯過度重視經濟倫理，在研究方法上，可取之處實在不多。另外，有人認為韋伯也討論制度的問題，但那不是韋氏之專長，至於曾經讚美過韋伯在制度方面的分析也是可圈可點的學者們，或許應該花一點時間先讀幾本歷史書籍，也許之後，會產生不同於先前的看法。

[19] 關於兩個韋伯之爭，以及結構的韋伯分析能力之不足，請參照謝宏仁，第二章，〈走進歷史也就走出困境〉，《社會學囧很大3.0：看大師韋伯因何誤導人類思維》（台北：五南圖書，二〇二〇），頁六一～一一四。

[20] 蘇國勛教授倒是很會替韋伯說話，這可能是因為這是本介紹大師級人物的學說的專書，應該也不宜對韋伯做過多的批評，否則的話，讀者可能會對韋伯的論點失去興趣，不過，過度地替大師掩飾其論點的不完善之處，倒是吾人所反對者。事實上，蘇教授的引論性專書《理性化及其限制》裡，韋伯將中國儒教視為神秘主義，雖然比起巫術著實要好上很多，但是，因為中國知識分子追求「天人合一」，這卻被韋伯視為神秘主義，遠遠不如新教之禁欲的理性主義。那麼，看起來蘇國勛「撇開宗教的真偽優劣不論」，無疑地是替韋伯找台階下，因為很明顯地，中國儒教在韋伯的心裡是比不上新教的，至少以「理性主義」為標準來衡量的話。

[21] 蘇國勛，《理性化及其限制》，第八八頁。

[22] 謝宏仁，第一章，〈儒教倫理與資本主義精神〉，《社會學囧很大1.0：看大師韋伯如何誤導人類思維》（台北：五南圖書，二〇一五）。

[23] 蘇國勛，《理性化及其限制》，第七二頁。

[24] 蘇國勛，《理性化及其限制》，第一一〇～一一一頁。

[25] 蘇國勛，《理性化及其限制》，第一一一頁。

[26] 非西方世界的讀者，可能還不習慣自己的社會，在很早很早以前，也可以發現「理性（化）」的證據。然而，這裡我們只用簡單的推理即可，就可以知道韋伯的說法是讓人懷疑的。如果需要（歷史）證據的話，請參照謝宏仁，《社會學囧很大1.0》等。

[27] 蘇國勛，第二章，〈宗教社會學（一）：類型化比較研究〉，第三章，〈宗教社會學（二）：發生學因果分

析〉，《理性化及其限制》，頁五～一〇六、一〇七～一八三。

[28] 這裡，我們只是略談「發生學」，至於，「因果分析」的部分，吾人相信韋伯拿變項之間的親合關係來假冒因果關係。相關議題，請參照謝宏仁，《社會學囧很大1.0》、《社會學囧很大2.0》、《社會學囧很大3.0》。

[29] 蘇國勛，《理性化及其限制》，第一一〇頁。

[30] 同前註。

[31] 同前註。

[32] 蘇國勛，《理性化及其限制》，第一一〇、一一一頁。

[33] 蘇國勛，《理性化及其限制》，第九一、九二頁。

[34] 請參照本書洪鎌德專章。

[35] 高承恕，《理性化與資本主義》（台北：聯經出版，一九八五），第一三六頁。

[36] 雨果．格勞秀斯，馬呈元譯，《海洋自由論》（北京：中國政法大學，二〇一八）。

[37] 蘇國勛，《理性化及其限制》，第一一二頁。

[38] 同前註。

[39] 蘇國勛，《理性化及其限制》，第一一四頁。

[40] 於是，奇怪的事情就這麼發生了，韋伯不是告訴我們資本主義（精神）當中一個重要元素是「可預測性」嗎？但是是怎麼了，資本主義自身之內倒是發現了「不可預期的」內容物呢？不知道這是不是與辯證法有關。我們接著看下去。

[41] 彭慕蘭、托皮克，黃中憲譯，〈熱帶荷蘭人：中產階級市民如何成為奴隸販子〉，《貿易打造的世界》，第二四三頁。

[42] Max Weber, H.H. Geth and C.W. Mills (eds.)（格斯與米爾斯編選）：《韋伯社會學文選》(*From Max Weber: Essays in Sociology*), (London, 1946), p. 128，引自蘇國勛，《理性化及其限制》，第九七、九八頁。

[43] 關於路德的這句名言，請參照《簡明不列顛百科全書》，中文版第六卷，第四二一頁，引自蘇國勛，《理性化及其限制》，第九八頁。

[44] 蘇國勛，《理性化及其限制》，第九四頁。

[45] 蘇國勛，附錄一，〈《新教倫理與資本主義精神》中文新譯本譯者序言〉，《理性化及其限制》，頁三三〇～三三九，第三三〇、三三一頁。

[46] 理查・斯威德伯格（Richard Swedberg），何蓉譯，《馬克斯・韋伯與經濟社會學思想》，（北京：商務印書館，二〇〇七）。引自，蘇國勛，附錄二，〈韋伯的社會經濟學思想〉，《理性化及其限制》，頁三四〇～三五〇，第三四〇、三四一頁。

[47] 馬克斯・韋伯（Max Weber），康樂、簡惠美譯，《中國的宗教／宗教與世界》，韋伯作品集V，（桂林：廣西師範大學出版社，二〇〇四）。

[48] 馬克斯・韋伯（Max Weber），閻克文譯，《經濟與社會》（第一卷），上、下冊，（上海：上海人民出版社，二〇一九）。

[49] 蘇國勛，附錄三，〈從韋伯的視角看現代性——答問錄〉，《理性化及其限制》，頁三五一～三八〇，第三五一、三五二頁。

[50] 蘇國勛，附錄四，〈形式合理與實質合理並重，社會才能穩定〉，《理性化及其限制》，頁三八一～三九七，第三九〇頁。

[51] 蘇國勛，附錄五，〈韋伯與中國文化〉，《理性化及其限制》，頁三九八～四〇七，第四〇一頁。

[52] 蘇國勛，附錄一，〈《新教倫理與資本主義精神》中文新譯本譯者序言〉，《理性化及其限制》，第三三五、三三六頁。

[53] 請參照謝宏仁，第二章，〈還原真相：西方知識體系上曲解的中國傳統法律〉，《社會學囧很大1.0》。

[54] B.S. Yamey, "Scientific Bookkeeping and the Rise of Capitalism", *Economy History Review*, No. 1, pp. 99-113, p. 105，引自杰克・古迪（Jack Goody），沈毅譯，《西方中的東方》（杭州：浙江大學出版社，二〇一二），第六三頁。

[55] 謝宏仁，第二章，〈走進歷史也就走出困境〉，《社會學囧很大3.0》，頁六一～一一四。

[56] 關於這十一項錯誤，請詳閱謝宏仁，第二章，〈走進歷史也就走出困境〉，《社會學囧很大3.0》，頁八六～一〇〇。

【57】蘇國勛，附錄三，〈從韋伯的視角看現代性——答問錄〉，《理性化及其限制》，第三五六頁。
【58】蘇國勛，附錄四，〈形式合理與實質合理並重，社會才能穩定〉，《理性化及其限制》，第三八二頁。
【59】蘇國勛，附錄五，〈韋伯與中國文化〉，《理性化及其限制》，第四〇〇頁。

重聽的丘寂耳先生，其嗅覺特別靈敏，他終生奉獻給茶葉貿易，創立了麗敦紅茶這個國際品牌，不久才將事業交給了他的兒子，自己與太太回家鄉享受退休後的生活。這對夫婦平時樂善好施、造橋鋪路，反而忙得找不到時間與朋友聊天泡茶。村裡百姓們都相信丘大善人鐵定可以活到一百二十歲，鄉下人土裡土氣但其開朗性格讓他們總是在看到好人、聽到好事之後，從嘴裡由衷地說：「乎你吃百二（台語，指活到一百二十歲！）。」村民們總是可以在合適情境下，對丘氏伉儷說這句話以示尊敬，當然丘先生聽不太清楚，得由太太轉知。不過，村民們萬萬沒想到，丘寂耳先生在過去約莫有十多年的光景，與人口販子、大毒梟往來密切，從城裡回來的人還說過丘先生的背部槍傷的故事。這個聽起來像是清代古裝劇的劇情不只是在這村子裡上演，事實上，它也曾在歷史上發生過不少次，而且，歐洲就占了十之八九，只是，那兒的大善人不見得叫丘寂耳而已。

第三章　美式英語學術圈的韋伯專家：卡爾博格

從這裡開始，我們即將進入英語學術圈，尋找一位使用美式英語為其主要溝通工具的韋伯專家。如前所述，筆者謝某將社會學這個學術圈分為四個主要區域，為的是仿效韋伯在理念（類）型的運用而已。英文是主要的國際語言，即使是在華文——無論是繁體或簡體——的學術圈裡，每位學者對於中、英文的使用都應該老早臻於駕輕就熟之境，本書所區分之四個學術圈可以視之爲單一的學術圈。是故，如果讀者欲尋找四個學術圈當中的一個，例如繁體中文學術圈，在現實中是找不到的，這是因爲韋伯及其支持者總是說理念型有烏托邦的性質，在實際生活之中找不到完全相同事物，特別是在需要實例卻經常找不到半個的時候，韋伯的支持者最喜歡大聲疾呼，理念型的唯名性質，請大家就別在現實經驗裡頭浪費時間了。所以，找不到所謂的繁體中文學術圈也算正常。當然，在分析上，這樣的分類並非沒有意義。

言歸正傳。當今美式英語學術圈的韋伯專家恐怕就非史蒂芬．卡爾博格（Steve Kalberg）莫屬了，卡爾博格於二〇一六年之大作《*Max Weber's Comparative Historical Sociology Today: Major Themes, Mode of Causal Analysis, and Applications*[1]》，堪稱當今美式英語學術圈對韋伯學說有興趣者的必讀之物，其重要性足以與上個世紀一本介於學術與非學術之間的《社會的麥當勞化》（*The McDonladization of Society*）[2]這本書相比擬。上述卡爾博格的英文專書之重要性，可以從蘇國勛教授的身上看出來，爲什麼呢？我們從上一章，也就是〈蘇國勛〉專章，得知蘇教授是當今中國——主要的簡體華文學術圈——的韋伯專家，當然，卡爾博格的英文傑作得有一位不同學術圈，但擁有同樣高階的地位的專家來爲卡氏的大作擘劃翻譯的工作。果不其然，在蘇教授的策劃之下，卡氏的中文版《韋伯的比較歷史社會學今探》於二〇二〇年由上海人民出版社印行[3]。於是，另一個巨大學術圈的廣大讀者群有機會接觸這本中文版的大作，吾人亦有幸得以閱讀卡式的傑作，不得不由衷地感謝蘇國勛教授百忙之中撥冗負責卡爾博格大作之翻譯及其他相關事務。

於是，筆者謝某將卡爾博格教授與策劃者蘇國勛教授同列爲本書批評之對象，後者在先前的章節中已詳盡討論其著作，前者的書名——無論中文或英文——之部分值得注意者是韋伯的「比較歷史社會學」（comparative historical sociology），此書名告訴我們，韋伯是歷史的專家，同時也是比較歷史學家[4]。我們在第一章〈洪鎌德〉專章，曾經批評洪鎌德教授在描繪韋伯的眾多稱號——法律學家、經濟學家、哲學家與社會學家——當中，竟然獨缺（東、西方）歷史比較學家，這讓人覺得疑惑，吾人以爲，洪鎌德教授欲蓋彌彰地想爲大師韋伯之不理解「傳統」中國法律來脫罪，所以刻意避開韋伯同時身爲東方歷史的專家，不然如何與西方比較呢？但這裡，我們看到了眞相，卡爾博格在其書名上寫得很清楚，韋伯是一位比較歷史的先行者，並且是東、西方比較歷史，當然，這裡我們仍然會檢視韋伯（與卡爾博格）到底對東方——特別是中國——歷史有多大程度的（不）理解。吾人以爲，讀者應該不會看到新鮮事，這倒不是因爲在大太陽底下，而是韋伯對東方（中國）所知極爲有限，其支持者當然也不會知道太多了，否則的話，「支持者」應該會一個一個地離去才對。

本章的結構主要分爲三個部分，第一部分，我們先談歐洲的寶貴經驗，因爲它們是社會科學常常拿來當作實例，給予歐洲以外地區的人民參考與學習的對象；第二部分，我們將探討歐洲獨特的救贖宗教，很難想像這種類型的宗教竟然與資本主義的起源有關；第三部分，普遍認爲大師韋伯不可能會使用單一因果論來解釋社會變遷，所以，韋伯的支持者——例如本章的主角卡爾博格——堅持韋伯自始至終都是多元論者，我們得看看是眞是假；最後，吾人總結本章的發現。

寶貴的歐洲經驗

本小節包括以下幾個子題，其一，長期以來，社會（科）學發展自歐陸，無可避免地將歐洲視爲具體的案例來探討，於是，歐洲經驗遂成爲歐洲以外地區之知識分子學習的對象，然而，至今學術界仍舊忽略一個現象，那就是：歐洲經驗其實是建立在西方哲學的二分法之上，簡單說，西方的「有」必須用東方的「無」（資本主義、資本主義精神、救贖宗教）來理解；其二，歐洲經驗雖然寶貴，但不適用於歐洲以外的地區，特別是中國，我們略微重述先前在此系列的第一集《社會學囧很大1.0》曾經提及的學者王國斌（R. Bin

Wong）及其重要例子，也就是中國國內貿易之規模問題；其三，可以說，卡爾博格繼承了韋伯的遺產，經常使用歐洲的經驗生硬地套用到中國的身上，要中國一定得穿上歐洲縫製的外衣，結果當然是一付不倫不類的樣子。我們在這一小節中將看到兩對例子，分別是封建主義與騎士，以及工業革命和資本主義的關係，然而，吾人以爲，更重要的例子是歐洲獨特的救贖宗教，這是韋伯資本主義學說當中的核心，也是卡爾博格在其大作中的重點，更是拿歐洲經驗來檢視歐洲以外地區——特別是中國——是否足以產生像歐洲一樣的某種經濟倫理、某種主義出現之前的精神（狀態），以及理性化過程，是故，吾人將救贖宗教置於下一小節再討論。

歐洲經驗與二分法

寶貴的經驗幾乎在所有的領域之內都能讓人事半功倍，社會（科）學也不例外，特別是那些累積自歐洲人的經驗，它們總是引起了人們的注目，可能是現在的他們大多住在所謂的已開發國家，很自然地，成爲發展中國家人們學習的對象。也許可以這麼說，寶貴的歐洲經驗可以視爲人類共同之非物質文化遺產，那麼，古典社會學大師韋伯的淵博學問，就成爲了社會（科）學研究者努力汲取的湧泉，源源不絕。當然，從本書的書名來看，韋伯的學問並非沒有值得懷疑之處，特別是這本書已是《社會學囧很大》系列的第四集，也是最後一集。那麼，歐洲的經驗眞的那麼寶貴嗎？以前，絕大多數的知識分子眞的這樣想，來自歐洲的寶貴經驗應該要全心全意地學習，現在，已是二十一世紀，針對學習歐洲經驗而言，也許我們應該有不同的看法了。

為了展現西方的優越性，人們異口同聲地盛讚與歌頌足以成爲人類文化遺產的歐洲經驗，像是工業革命、理性的法律、積極地海外殖民、資本主義精神，或者再加上政治與學術雙雙成爲「價值中立」之志業等。然而，當我們拿歐洲（西方）經驗來作爲（與非歐洲，或非西方）比較的基礎時，學者通常——如果並非總是的話——得到的結果是「進步的」歐洲（西方）與「落後的」亞洲（東方）——除日本之外的地區或國家。社會（科）學源自歐洲，長久以來提供給學者瞭解世界的概念工具、理論建構、研究方法，與分析事件的複雜成因。歐洲的經驗成爲學習之對象的其中一個原因是：西方被認爲是比東方（或非西方）更爲進步的地區。這樣的看法應該沒有疑義[5]。然而，東、西方不只是社會文化背景差異極大，自然的地理環境亦相差甚大，資源秉賦極爲不同，因此，似乎是可想而知的，拿歐洲人的經驗來指導「其他」人（種）可能會有問題。

此外，如果我們再加上先前在《社會學囧很大1.0》介紹過之西方哲學的二分法，這讓我們看不清歷史眞相，因爲二分法在社會科學上，也在人類的歷史上，將西方與東方對立起來，形成一種既定的研究框架，在現實經驗裡總是讓西方扮演優越、進步，與現代的角色，東方——特別是中國這個受到西方學者喜愛的例子——則扮演著拙劣、停滯與傳統的角色[6]。我們看一下「停滯的」傳統中國其「國內」商業交易的情形。

中國「國內」貿易

在西方二分法的思維下，「傳統」中國是個停滯的、封閉的、不喜國際貿易的國度，所以談到「國際」貿易，一般會想到西方向海外擴張，尋求「自由」貿易的機會，而中國，對海外則充滿敵意，貿易這件事，不少西方學者認爲中國只有「國內」貿易，中國人幾乎不涉足海外。然而，眞相是：中國自隋朝（五八一～六一八）即已開始經略南海；唐朝（六一八～九〇七）在外交上，經常往來的王朝多達數十個；宋朝（九六〇～一二七九）時大量景德鎮瓷器已銷往海外；明朝（一三六八～一六四四）提供高級絲織品，讓西班牙的馬尼拉大帆船經由太平洋海上絲路，載回其美洲殖民地賺取巨額利潤；清朝（一六四四～一九一一）初期的盛世更長達一個世紀，且其疆域兩倍於前朝，這些都是常識，維基百科都可以找到證據支持。簡單說，中國人並非不知道外面的世界，但西方學者卻樂於將中國描繪成一個沒有生氣的地方。

數十年前，已經有知名的華裔學者王國斌（R. Bin Wong）提出了以下的建議，他說，如果我們有意知道中國經濟史變化模式的眞相，便不能再以中國因無法遵循歐洲變遷模式才導致失敗的經驗來搪塞。正因爲知識分子向來對歷史變遷的觀念都是基於歐洲的經驗，即使在討論東方社會，通常還是以歐洲爲原型。但是這種分析模式並不妥適，所見到的也非歷史眞相，不過，十分可惜的是，吾人以爲，今日的社會科學仍然以歐洲經驗爲參考之基準點，即使已有改善，但效果並不顯著。這裡，我們只略談二分法在貿易問題上的應用我們經常可以看到的二元對立，像是西方vs.東方、國際vs.國內、海外（開放積極）vs.本國（封閉消極），在實際的例子上，除了上述提到的事實——中國並非不喜歡海外貿易——之外，我們還會看到這樣的論述，歐洲國家從事的是國與國之間的貿易，而中國因爲封閉且消極，只喜歡在自己土地上進行交換——就是所謂的「國內」貿易——而已，這一點與西方極爲不同。然而，事實上，即使中國眞的不喜歡海外貿易，即使不像歐洲人那樣清楚地知道貿易的好處，中國「國內」——也就是省際之間——的貿易次數與金額都可能遠遠大於歐洲的國與國之間的「國際」貿易[7]。但歐洲經驗——特別是在二分法框架的協助底下——經常讓人看不清眞相。

那麼，我們怎麼可能從歐洲的經驗看到有建設性的意見呢？的確很難，甚至是完全不可能。知道了歐洲經驗可能產生的問題之後，我們得再看看韋伯及其支持者卡爾博格的歐洲經驗。

韋伯（與卡爾博格）的歐洲經驗

事實上，韋伯及其支持者——例如本章的主角卡爾博格——習慣地將歐洲經驗當成人類世界的先行者，非歐洲人或遲或早地也會行走在歐洲人走過的道路上，其間的景色相似，只是有些花兒早開了，另一些因爲缺水而提早凋謝了。韋伯所堅持之「獨特的」歐洲經驗俯拾即是，例如救贖宗教、資本主義精神、新教的經濟倫理、教徒的內在緊張性、理性主義、官僚體制與形式合理的法律等。當然，在全球社會學界裡，相信韋伯所說的歐洲之「獨特性」的學者與其學生，在總人數上必然遠遠超過仔細看過謝某之拙著——以《社會學囧很大1.0》、《社會學囧很大2.0》、《社會學囧很大3.0》以及《社會學囧很大4.0》爲例——那一小群寥寥可數的讀者。上述的幾個獨特的性質，至今在社會（科）學界裡，仍被視爲是西方到現在爲止領先其他地區的主要原因，並且，歐洲的經驗仍然被看成西方以外的地區，爲了達到發展的階段，或者至少在迎頭趕上的過程當中，應該先具備的幾個條件。但這些聽起來似乎不無道理的歐洲經驗，到底是不是眞的那麼値得學習呢？或者只是西方優越性在作祟而已，勉強地將歐洲的「獨特性」硬生生地轉型成普世價値呢？這也不無可能，我們看以下的例子，或許可以在短時間之內就看出端倪。在這裡，我們先舉兩個例子，包括騎士與封建主義，以及工業革命與資本主義，而第三個例子是救贖宗教，因爲這個議題相對重要，我們將它置於下一小節詳談。

騎士與封建主義

歐洲的騎士這個身分團體，或者用韋伯的話來說，這群社會行動者，在歐洲封建時期曾扮演重要角色，騎士們外顯之風範使其成爲特殊的階級，至少他們平日是過著與眾不同的奢侈生活[8]。那麼，中國歷史上到底有沒有封建時期呢？如果沒有的話，應該就不會有騎士階級了，不是嗎？最多，只能叫騎兵，一群官階不同的快速移動部隊而已。當然，吾人用「回想」來進行東、西方歷史比較並不比韋伯用「猜想」的方法（學）好多少，但是記憶告訴吾人，中國在歷史上，除了周朝（西元前一〇六六～二二一）之外，似乎不太容易再找到封建主義的例子，吾人的印象之中，提到中國的封建主義時，這個朝代的井田制度被提及之次數應該是最多。可以這麼說，至少封建主義在中國並不重要，當然，騎士階級也不存在，因爲中國的馬匹得從中亞進口，價格不低，即使有錢的人想成爲「騎士」階級的一員也不容易。簡單說，封建主義與騎士階級（幾乎）不存在於中國的歷史上。但是，東、西方歷史比較大師韋伯有不同的看法，當然，卡爾博格只能站在韋伯那一邊，因爲卡氏是當今美式英語學術圈的韋伯專家，他最好的策略是直接引用韋伯所說的，因爲卡爾博格教授對「傳統」中國的理解可能比韋伯還少。

卡爾博格深信韋伯的歷史社會學都是經過大量的「比較研究」後所得到的結果，但我們應該記得卡爾博格對我們的耳提面命，那就是：大師韋伯所有對中國的看法，全是在其學術是一種志業的態度之驅使下，在做了所有該做的，甚至是做得比該做的還要多的研究之後，才得到的結果。當然，我們得儘可能地相信韋伯所說的，畢竟很少有人能做得比大師還要多，韋伯的確對於中國的封建主義與騎士有自己的看法，卡爾博格告訴我們：

韋伯的比較研究使他確信，在中國的前古典時代，即戰國時代（西元前四七五～前二二一）以前，封建制的確在很大程度存在著。這種情況爲儒教顯著的功利主義取向之發展鋪平了道路。韋伯通過大量的比較研究發現，每當戰爭持續不斷之時，俠膽義肝的武士們的威望和卡理斯瑪的力量就會飆升……像別處一樣，這個階層在中國創立了一套身分倫理……它以騎士風範、尚武精神及對超自然層面……的蔑視爲特徵。而且，一旦這個階層的力量變得穩固，它在中國就會像其通常出現的那樣，去抑制冥府崇拜上的狂歡和各種熱烈忘情的戰舞[9]。

不少學者——卡爾博格是其中之極具知名度者——相信韋伯爲了充分地瞭解中國，辛苦地做了大量的研究，所以極少韋伯的支持者願意再花點時間，試圖補充韋伯對於中國有何不解之處，是故，吾人以爲，卡爾博格將韋伯的話視爲眞理，不容懷疑。於是，我們只能繼續看一些韋伯爲中國寫下的似是而非的看法，只是，活在二十一世紀的卡氏，爲了「理解」中國竟然繼續引用韋伯在一個世紀以前寫下的看法，這讓筆者謝某不敢想像，我們眞能從美式英語學術界的韋伯專家身上學到任何有價值的看法。

我們接著看下去，看看韋伯的其他看法，同樣是關於騎士與封建主義這兩個議題，卡爾博格說：

在前古時代出現的封建倫理，也以另一種方式促進了儒教的興起。騎士的風俗和早期的頌歌以及稱讚英雄武士的傳說，作爲文化上同質的行爲準則傳播到華夏各個諸侯國……一旦在文化價值層面上完成了統一廣袤區域的任務，新價值的湧現也就更容易在日後發生，即使它們有違封建倫理[10]。

可想而知，韋伯在一個世紀前關於戰國時期——中國的前古典時代——的描繪，所引起的困惑，遠比我們能從中得到的答案還要多。

至少，困惑有四，吾人以爲。其一，戰國七雄的封建制度到底執行得如何呢？其二，後來的儒家興起，必須感謝戰國時期爲儒家鋪平了道路？其三，戰國時期建立起來的封建倫理到底是什麼？此種倫理還無意中地拉了儒教一把，讓儒教得以罷黜百家、唯我獨尊？其四，韋伯好像知道了許多就連東方學者從來都不曾聽過的事，在中國的「前古典時代」，也就是戰國時期的諸侯國曾經養了不少「騎士」，這些人共同地遵守著過去留下來的風俗習慣，與獨特的行爲準則，與西方一樣，或至少是極爲相似的，這群人是早期頌歌的主角，並且在許許多多的傳說當中，處處充滿了他們的英雄行徑。讀完這兩段話之後，我們幾乎可以完全確定卡爾博格「狐假虎威」地引用了大師韋伯的論點，並且信以爲眞。然而，吾人相信，我們應該永遠也無法得知韋伯上述的說法之完整的參考書目，除了他可能聽了幾位曾經去過東方（中國）的商人或軍人的「口述歷史」之外。

但卡氏告訴我們，這是韋伯大量研究之後，所得到的結果。簡單說，從韋伯的大量研究之中，具體的歷史分析幾乎是看不到，吾人猜想主因有二，其一，韋伯對於類型學、理念型情有獨鍾，並且「說」了一口相當好的歷史研究；其二，韋伯看不懂中文，即使巴伐利亞邦立圖書館早在一個世紀以前即已擁有當時算是豐富的中文藏書，但當時的韋伯也沒有懂中文的朋友[11]。另外，如果再加上對於中國某些議題，只消用猜的就好，反正當年的同僚大都也會信以爲眞，這就足夠了，因爲韋伯已經在學術圈子建立了他的權威地位。況且，「猜測方法學」的運用總是比努力學習深奧難解的中文節省了許多寶貴時間。綜上所述，困惑難以避免，但上述兩個段落，究竟韋伯想告訴我們什麼呢？

吾人以爲，韋伯的策略是將遙遠的、難以理解的，與「傳統的」中國儘可能地描繪成像是才剛剛結束封建主義的歐洲那樣，讓歐洲與中國看起來很像，如此的話，韋伯就會更有信心地提出他對於中國的看法，原因不難理解，如果中國是個與歐洲完全不像的「神秘」國度，那麼在沒有足夠資料的情形底下，描繪起一個幾乎沒有任何印象的地方，聽者會認爲韋伯是在說一個童話故事。吾人以爲，因此戰國時期許多「俠膽義肝」的武士就變成了歐洲的「騎士」，對韋伯而言，這樣的變化在研究上是有益處的，它使得遙遠的中國不再是不可「觸及」，中國的武士就等於是歐洲的騎士了，歐洲的封建主義也可以在中土被「發現」，帶著某種特殊氣質的騎士也奔馳在原野上，與歐洲的封建時期沒有什麼不同。長期以來，韋伯的策略得到了不小的效果，在當代的中國，還有不少人對韋伯上述的說法信以爲眞，蘇國勛教授是這些支持者當中相當有名的一位，照理說，他應該會發現卡爾博格的問題所在，同時也是韋伯的問題，然而，在他的二〇一六年（新）版的《理性化及其限制：韋伯思想引論》[12]當中，謝某並未看到蘇教授與卡氏二人之對話，想必上述的問題並未得到蘇教授的注意，再加上蘇國勛在策劃卡爾博格的專著之中文版時，應該也會看到卡氏的問題，不過，可能蘇國勛認爲不重要。綰合前述，歐洲的經驗可能是實貴的，最起碼，我們不能快速地排除這種可能性，但我們經常可以發現西方學者利用各種理由要東方國家學習其經驗，這樣的作法，在社會（科）學裡並非少見，可能已經變成了習慣，全球學者於是有了一套共同的行為準則。

然而，事實上，中國史的「封建」與歐洲史的「封建（主義）」並無任何共通點。前者指的是「武裝移民占領新的土地建立城市」，然而歐洲史的封建主義（Feudalism）是指「騎士與一人或複數的君主簽訂契約，奉上土地（feud）一部分的手續費（fee），以換取君主的保護」。然而，在西方哲學二分法的影響（或宰制）之下，晚期帝制中國的研究中，「封建」與其形容詞「封建的」經常被用來表示當時中國在各方面——無論是政治、經濟與社會等——的停滯性。因此，對於為數不少的學者而言，重點似乎已經不在於帝制中國到底是否眞的停滯不前，而在於作為相對於所謂「現代的」西方，中國的歷史書寫似乎只能呈現出「封建的」樣貌。換句話說，「封建的」中國好像是不證自明的，東方（中國）的學者似乎傾向於直接相信，晚期帝制中國（之前）的社會是封建的，而不去證明是否為眞[13]。

從上述的說法來看，無論是騎士也好，封建也好，這兩個概念的使用在東方（中國）似乎沒有太大意義。硬生生地要將在歐洲發生過的經驗強加在東方世界，再進一步地將東方視為西方的「異類」，其實只是西方學者不瞭解東方社會而想出來的便宜舉措，因為只有這樣做，才有機會在較短的時間內完成其研究，是不是眞正地瞭解東方社會，反而變成了次要的問題。此外，「現代的」西方與「封建的」東方（中國），不正是二元對立的產物嗎？正因如此，在西方哲學二分法的「簡化」之下，我們很快地得到了一個「封建的」（停滯的）東方（中國），因為社會（科）學要建構出一個「現代的」（進步的）西方，韋伯是一個世紀前的能手，而卡爾博格與蘇國勛則是二十、二十一世紀之交的得力助手。

現在，我們再看一個例子，為了理解「寶貴的」歐洲經驗。

工業革命與資本主義

從某個視角來檢視的話，我們可以將工業革命看成是歐洲的經驗，然而，這樣看似有用的經驗，不少學者將工業革命與資本主義連結在一起，並且試圖說明工業革命與資本主義之間的緊密關係。的確，兩者的連結可以說是魚之於水、水之於魚，工業革命讓資本主義以更快速的方式增長，資本主義讓工業革命之後的科學與技術以前所未有的方式得以完成。但是，如果我們將工業革命與資本主義二者連結在一起，這麼做的話，吾人以為，對我們理解韋伯的學說並無太大幫助。

多年以來，筆者謝某看到大師韋伯談論英國工業革命的文獻並不多，可以說是幾乎完全沒有。原因是什麼呢？這裡當然不會是個適當討論這個「小」問題的地方，但請容吾人略微猜想一下箇中原因。謝某是這樣想的，這應該是因爲韋伯堅持形式合理的法律——羅馬法與承繼羅馬法的德國民法——是法律體系演進的最終階段，但是資本主義最發達的國家（之一）是英國，但英國的普通法卻是實質理性的法律系統，而不是韋伯鍾愛一生的形式理性的法律，這就是著名的英國問題[14]。

並且，自韋伯逝世之後，直至今日，韋伯的預測並未實現，也就是形式合理的法律似乎仍未占上風，不止如此，更發生了形式理性的實質化問題，看起來是韋伯認爲屈居第二的實質理性的法律勝過了韋伯心中的第一名，也就是抽象的形式理性。在這種預測失準的情形之下，大師韋伯及其支持者應該會認爲，相對於韋伯研究過的眾多問題而言，英國問題的確是相對難以解釋的。此時，倘若再加上工業革命，這個被人們視爲科學與技術的重大突破同樣發生在英國，而不是德國，那麼多談亦無益，因爲即使有了人類世界最高階段的形式理性的法律，也不見得是資本主義發展得好的最佳保證，德意志正是這樣的例子。然而，更加難以解決的是，大師韋伯常常將所謂的「多元因果」掛在嘴邊，也就是口惠而已，但眞正做的卻是經常——應該說總是——將複雜的問題用一種極度簡化的答案來處理之，除了這裡的形式理性的法律之外，另一個例子則是（某種）經濟倫理，其根源是我們稍後會討論的救贖宗教，卻不小心促成了資本主義的產生，這一群人還眞是不小心啊！簡言之，吾人以爲，韋伯及其支持者儘可能不談工業革命，可能眞的有難言之隱。可是，本章的主角卡爾博格卻是哪壺不開提哪壺。

工業革命是人類歷史上的另一重大事件，然而，韋伯不可能花太多時間在這個議題，卡爾博格應該是誤解了韋伯所想的，韋伯提到工業革命的機會並不多，原因不難理解，因爲韋伯感興趣的是一群人——也就是社會行動者——的主觀動機所引發的行爲，如何可能影響歷史的重要變遷。吾人以爲，韋伯解釋社會變遷的想法，的確需要很大的企圖與野心，無論此人的能力有多麼地高強。

歐洲獨特的救贖宗教

韋伯在宗教社會學之地位足以媲美另一位古典社會學大師涂爾幹，也難怪卡爾博格曾經這樣說：「韋伯堅稱，要想完全理解現代資本主義的起源，就必須參照清教徒……受到宗教感召，從而看重紀律嚴明、有條不紊的工作，以及利潤的積累與再投資，而這帶來一種講究條理的經濟活動[15]……。」對韋伯而言，若不探索宗教社會學，就不可能知道資本主義到底從何而起？

卡爾博格對於上述的說法，可想而知也是極力地支持，並且，卡氏還爲著當代社會學界不再出現像過去那樣熱情地學習韋伯之宗教社會學而感到些許惆悵。卡爾博格做了以下的結論，他說：「雖然韋伯對彼世救贖宗教之興起的研究**可能**（粗體爲吾人所加）已經令人信服地證明：此類觀念在那些瀰漫著濃厚宗教氛圍的時代具有**因果**（粗體爲吾人所加）上的重要性，然而，在廿一世紀這個世俗化的後工業時代，這些概念是否還存在著因果的重要性[16]？」這段話清楚地說明了卡爾博格自己都還不清楚人們是不是已經相信韋伯的救贖宗教之看法，但讓他感到憂慮的卻是：當今社會學界已不再重視韋伯從宗教社會學這個面向來瞭解資本主義的起源與發展。不過，謝某以爲，這種單一面向的解釋，正是我們應該放棄的。另外，卡爾博格仍然對於新教倫理導致資本主義（精神）這個「因果重要性」無法忘懷，但這是二者（即新教倫理與資本主義精神）之間的親合關係，卻被韋伯僞裝成因果關係，可惜卡爾博格未能看出，吾人以爲，這是二十一世紀韋伯的單一面向無法解釋資本主義的複雜問題，只是身爲韋伯支持者的卡爾博格只能繼續扮演其熱情粉絲的角色。

本節將分爲以下幾個相互關聯的小節進而分述之。其一，我們討論瞭悟（verstehen）法，這個韋伯頗爲倚重的方法，以及其可能產生的問題；其二，救贖宗教在韋伯的宗教社會學裡有其必要性，並且令人意外地，資本主義的起源與此有關；其三，我們還必須檢視喀爾文教派信徒之內心焦慮與他們獲得救贖的途徑。

瞭悟（verstehen）與可能的問題

現今頗爲複雜的社會研究法，應該可以應用於各種不同議題，像是個案研究法、深度訪談法、紮根理論、文獻法、後設分析，以及統計學的應用等。然而，在韋伯的時代裡，社會研究法才剛剛起步而已，難以與當代相比擬，再加上德國的社會科學界對瞭悟這項研究法似乎特別偏愛，在當時的學術圈裡小有名氣的韋伯對此種方式應該不陌生，特別是韋伯得設身處地爲他身旁的新教徒們「想像」其內在世界，因爲韋伯認爲動機是瞭解社會行動的核心，但它並非外顯，所以瞭悟就變得很重要了，只是資質欠佳的研究人員——筆者謝某正是這樣的人——得花費很長的時間才可能學會，但也可能一生都學不會。當然，每個人的心理狀態都有一定程度的複雜性，如果研究者可以找到一種方式來簡化複雜性，則此人應該可以「名留青史」，吾人以爲，韋伯正是這樣的人。

那麼，什麼是瞭悟呢？或者用卡氏的話，它叫「解釋性理解」。卡爾博格這麼說：

> 韋伯的核心目標——通過對社會行動的解釋性理解（understand interpretively）來爲社會行動的過程提供一個因果性解釋（causal explanation）[17]——給所有大規模比較設置了障礙。解釋性理解這個概念，通過強調研究者按照**自己的方式**〔粗體爲吾人所加〕對「他

> 人」的主觀意義（subjective meaning）進行理解，將社會學研究從一切固定的（*fixed*）方向上解放出來，從而使比較成爲可能。社會學家必須對他人的主觀意義持開放態度（*open*）——不管這種意義多麼陌生／奇怪（foreign）……而且，在可觀察到的活動背後多樣的（*diverse*）可能動機對韋伯而言是極其重要的。這些動機肯定能被揭示出來並予以定義。爲什麼努力工作對清教徒而言主觀上是有意義的？……韋伯〔經過大量研究且用了解釋性理解之後〕認爲清教徒對工作的**十足緊張感**〔粗體爲吾人所加〕包含了一個獨特的「文化意義」。解釋性理解主張，在一個群體中居於主導地位的主觀意義對行動者有重要的影響，因此是值得研究的[18]……。
>
> 借由「解釋性理解行爲」，對基於社會群體……的特定主觀意義加以**不受限制的考察**（或「猜測」，粗體爲吾人所加）得以可能。韋伯社會學中的這個核心成份，促使人們將研究**轉向**〔粗體爲吾人所加〕到各種群體中獨一無二的主觀意義加以辨別進行因果解釋上來，而不是進行跨文化比較的研究[19]。

在這個不算短的段落之中，筆者謝某以爲，至少有三個重點應該花點時間予以釐清，這樣的話，對於接下來的分析會有些許幫助。

首先，卡爾博格不小心說出了韋伯不願意說出的核心目標，那就是利用「瞭悟」（解釋性理解）來說明社會行動的「因果關係」，這一點表現在新教徒因爲其經濟倫理的驅使，而產生了資本主義，吾人贊同卡氏之說法，但韋伯卻想隱藏他的意圖，將新教倫理與資本主義（精神）之間的親合關係包裝成因果關係，企圖蒙混過關。簡言之，卡爾博格認爲新教倫理產生了資本主義（精神），卡爾博格不小心露了餡，我們稍後還會看到露餡的地方不只一處。其次，瞭悟這樣的方法非常有用，但可能得到難以驗證的結果，因爲研究者可以按「自己的方式」來理解「他人」的主觀意義，並且因此得以「解放」自己，不至於讓自己的研究固定在同一個方向。吾人以爲，對於這種解釋性理解之方法，韋伯倒是運用自如，完全地將自己解放了，因爲韋伯用他自己想出來的方式來理解幾位在樹下聊天的儒士，就吾人所知，韋伯認爲只要是儒士，地點又是在樹下的話，那麼一定與修身有關，換句話說，這種情況一出現，就表示又有一群人快要在精神上將自己提升到另一個層次了。可是，除了修身之外，也可能是這群人都是出身於有錢人的家庭，因爲沒錢讀書的家庭，如果不辦學貸的話，很難變成儒士，因此，他們幾位談的是其父親爲了運送鹽這項生活必需品，增購了幾輛載貨的馬車，因爲物價上漲，價格讓人吃不消，運鹽的漫長旅途，利潤又減少了百分之五左右。簡單說，這群來自有錢家庭的儒士談的是生意經營的問題，與修身無關。瞭悟這個方法很可能出現上述的狀況，韋伯與謝某兩人都是研究者，都用了「自己的方式」來瞭解「他人（也就是那群儒士）」的主觀意義，結果卻相去甚遠。

再次，清教徒對工作所產生之「十足緊張感」對韋伯而言，具有一種相當不同的「文化意義」，爲什麼呢？當然，韋伯認爲這與稍後要談的救贖宗教有關，與彼世（或彼岸）有關，具體而言，清教徒永遠都不會知道自己是否是上帝所選的子民，可是同時他們又拒斥現世，所以一生當中都很努力地想用某種方法確定自己會得到救贖，於是韋伯告訴其讀者——其中大多數的人堅信著、少部分的人相信著、更少部分的人懷疑著——這些教徒可能靠賺錢來榮耀上帝，於是教徒努力地賺錢卻不會享受人生，將錢都存下來了，錢一多，再找有利可圖的事業投資，之後錢就更多了，資本主義於無意間在西歐出現了，而且，別的地方——像是明、清的長江三角洲與珠江三角洲——可能更有錢，商人們也懂得投資可以賺更多錢的事業，但就是沒有資本主義，因爲這是大師韋伯告訴我們的，多數人就信以爲眞。事實上，韋伯說的「十足緊張感」就是內心的焦慮，但對於相對長遠的未來到底能否得救，這對教徒而言眞的那麼重要嗎？如果教徒眞正瞭解「因信稱義」的話，爲何他們會利用賺錢來榮耀上帝呢？不是應該用更堅定的信仰來讓上帝高興嗎？怎麼會想到用更多的錢來愉悅上帝呢？現在，我們假定金錢對上帝還是重要的，韋伯的話還是可信的，那麼，信徒的緊張感、焦慮感僅僅來自於擔心自己不是上帝所選嗎？這是讓人覺得有疑問的，爲什麼呢？能不能到上帝身邊，這件事等年紀大一些再想就好了，因爲畢竟這是「遠慮」，而非「近憂」，難道教徒不會因爲近期的瑣事而煩憂嗎？像是家人生病、生意不好、農耕工具損壞、織布機缺了重要零件、物價上漲、麵包變貴、甚至是失業等。換句話說，韋伯看不到教徒的近憂，但韋伯用了瞭悟的方法之後，卻能夠「確定」只有擔心能否得到救贖才會造成「十足緊張感」，其他的都不會。然而，謝某自己運用解釋性理解之後，「發現」（或猜測）[20]近憂同樣會造成教徒的焦慮。

此外，卡爾博格認爲，韋伯憑藉著瞭悟這個法，得以對基於某群體之特定觀意義所進行的考察是「不受限制」的，雖然，筆者不清楚卡氏的眞實想法，但就字面上的意思看起來，卡爾博格是盡其所能地吹捧他心中的大師韋伯，恨不得天底下所有學習社會學的學子們都和他一樣瞭解韋伯對（瞭解）這個世界的貢獻有多大。不過，從上面的分析中看來，壞就壞在瞭悟，壞就壞在解釋性理解。

接下來，我們還得看看在韋伯的論述中，救贖宗教的不可或缺性。

救贖宗教必要性

這裡我們得談談救贖宗教與信徒內心長期處於緊張的狀態，在韋伯宗教社會學的必要性，因爲韋伯告訴我們，這兩個連結在一起的「變項」共同促成了資本主義（精神）的發生。這裡，我們先瞭解一下韋伯的苦難問題與救贖宗教之間的關係。當然，讀者可能立馬覺得奇怪了，不將苦難問題放在人生當中的核心位置，就沒有救贖宗教，那麼，沒有救贖宗教的地區，也就是西歐以外的地區就沒有資本主義起源了嗎？韋伯和他廣大的支持者的確做如此想。

這麼說，欲瞭解韋伯西方——而且只在西方——資本主義的起源，就必須瞭解「苦難問題」，現世的苦難迫使人們期待彼世的美好日子，教會也爲救贖的途徑提出其建議。爲了拒斥現世，同時又不至於漫無目的，救贖宗教有其必要，彼世亦有其必要。上述的說法，極易讓讀者產生似曾相識的感覺，因爲韋伯再一次地以歐洲經驗爲評斷之指標，拿來量測其他地區的情形，如此一來，其他地區總是成爲歐洲「成功」的反例，也就是失敗組的一員。這一小節，我們即將看到的是中國儒教的「信徒」將吃苦當作吃補，所以沒有苦難問題，他們適應現世（此岸），也無所謂的救贖途徑的提供，因爲儒教不是救贖宗教，事實上，佛教與道教亦非韋伯感到無比興趣的救贖宗教。

那麼，苦難問題、彼世，與救贖宗教的關係是什麼呢？爲什麼韋伯的資本主義之起源的問題與它們有關呢？卡爾博格爲我們解釋道：

韋伯確信，苦難問題在整個歷史上一直困擾著人類，並且關乎救贖宗教的起源。人們渴望獲得一種對苦難的確鑿不移的解釋，而這種特別的宗教需求驅動著人們在純粹認知層面的探索……韋伯斷言……那些解釋悲慘和苦難的觀念，推動了那種根源於巫術和儀式的宗教轉向救贖宗教的演變，而後者則精心構思了一種「彼岸世界」的觀念。在此，韋伯看到了一種強烈的**因果驅動力**[21]〔粗體為吾人所加〕……。

上述這段話，吾人有三點意見，第一，吾人當然不是在爭論歐洲以外的地方有沒有苦難問題，而是，苦難的問題為何必然是全人類的問題？簡單說，為何大師韋伯可以將歐洲的經驗視為全人類都必須經歷的事，充其量只是發生的時間晚於歐洲而已？第二，按照韋伯的說法，並非所有新教徒——以喀爾文教派的信仰者為例——最終都能夠到達彼岸世界，結束了其人世間所有的悲苦，而是只有上帝預選的子民才可以到達岸的另一邊。當然，至今仍令謝某懷疑的是，信徒要在此世賺大錢、榮耀上帝之後，這些人才有可能被神職人員與信眾認為是有資格成為上帝的子民。謝某替那些堅守上帝教誨但賺不了太多錢的信徒感到不平，因為這群人才是上帝「應該」挑選的，不是嗎？第三，韋伯看到的，而且很在意的，絕非韋伯本人常常講的經濟倫理與資本主義（精神）二者之間充其量只是親合關係而已，事實上，韋伯對親合關係的興趣並不大，讓韋伯眞正產生興趣的是一種「因果」驅動力。關於第三點，稍後我們還會再花點時間討論。

信徒內心焦慮與救贖途徑之建議

在韋伯的想法當中，信徒內心的焦慮來自於預選說，喀爾文教派的信徒認爲是否爲上帝所選的救贖對象與此世的努力無關，當然，這可以視爲拒斥現世的一種表示。信徒一方面想知道自己是不是上帝預先選擇的子民，一方面又無法完全確定，所以內心總是處於緊張的狀態。再加上，努力賺錢卻不耽溺於物質生活的享受，變成了榮耀上帝的重要方法與證明自己已經得到救贖的主要途徑，但這還是只能增加自信而已，因爲上帝早已選擇某些人在彼世可以走到祂的身邊，其他人無此福分。當然，有一部分的讀者會產生與謝某同樣的疑問，那就是：信徒應該擁有堅定的信仰，還是大量的財富？不過，韋伯與其支持者可能不在意這個二選一的問題，所以，我們還得繼續往前走。

韋伯的邏輯其實不難，還有點簡單，就是因爲簡單，所以謝某多少能理解一些。韋伯可以說是社會學的「個人主義」之專家，他認爲社會行動者一定先有了某種動機之後，才會行動，而且這樣的行動有其社會意義。另外，爲了避免落入心理學的化約論，所以，韋伯總會將其注意力置於一群人身上，特別是新教徒，或具體地說，尤其是喀爾文教派的信徒。因爲救贖宗教的指引下，將此生的苦難寄望於來世的解脫，再加上預選說的影響之下，一種「必要的」焦慮感在信徒內心生成，於是只能努力賺錢。當然，這種動力是主觀的信仰所驅動，還得有客觀的條件支持，於是韋伯告訴我們，宗教改革之後，信徒可以安心地追求財富，並且用財富來榮耀上帝，這樣的方式，可以讓信徒增加信心，認爲自己就是上帝預先選擇的「優秀」子民。後來，因爲天職的觀念逐漸深植人心，信徒都專注在自己的本業，信徒在工作上任勞任怨，沒有人好高騖遠，生活中的每一件事，都遵從上帝的教誨，在金錢的追逐裡，更是在新教「獨特的」經濟倫理的引導之下，虔敬的信徒不只不在乎物質享受，更樂意將財富的積累視爲上帝是否選擇自己的指標[22]。

時間久了之後，也在「榮耀」上帝之後，信徒的財富不知不覺地累積了，又看到了更好的賺錢機會可以賺更多的錢，得以在更大程度上榮耀上帝，再後來，因爲錢愈來愈多了，資本主義就出現了。當然，東方（中國）走了不同的路線，因此趕不上西方，主因是儒教並非「理想的」（*ideal*）的救贖宗教，其廣大「信徒」——也就是其行動具有主觀意義的社會行動者——沒有彼世的觀念，心裡就算有時也會緊張，但卻不是韋伯要的那一種，所以無論如何也產生不了資本主義精神，而此種「精神」卻是資本主義發生的必要條件，當然東方（特別是中國與印度）不可能產生資本主義。換言之，某一群人內心緊張關係是具必要性的，如果沒有這樣的關係就不會有資本主義，剛好，儒教無法在其「信徒」身上起著這樣的作用。這裡，我們只消舉一個例子即可說明清楚了。韋伯認爲儒教的主要特徵之中，「一種強烈的『在超凡上帝的命令與塵世之間的緊張』並未出現……儒教的倫理秩序或世界觀（*Weltblid*），並不是能把個體從現實關懷中抽離出來的強大槓桿，而是試圖將『世界』與『宗教』之間的緊張降至最低，並使其自身適應塵世生活[23]……」。所以，按韋伯的邏輯，一定得先找到某種特定的緊張關係，這種關係只有西歐才有，因為那兒才有救贖宗教，那兒的人平日緊張就是因為無法確定自己是不是上帝的選民，只有努力賺錢來榮耀上帝，但還是沒辦法百分之百確定，於是，只好繼續賺錢，日以繼夜、焚膏繼晷。

簡而言之，導致信徒內心焦慮是因為救贖與否之不確定性，而其唯一之途徑是賺大錢來榮耀上帝。一不小心，資本主義精神在這群人的社會行動中被韋伯發現了，也被韋伯支持者全心全意地信仰著，並且廣為流傳至今。

多元或單一因果論

對於歷史社會學，或者比較歷史社會學而言，大師韋伯及其支持者絕對沒有一個人會認為單一因果解釋可以勝過多元因果解釋，因為「單一」聽起來就讓人覺得不太對勁，即使僅僅用常識來思考並加以判斷。多少可以理解，重大歷史事件發生之緣由應該是複雜的，通常不會是只有一個原因——無論有多麼重要——就導致重大社會變遷的發生。

這麼說，一位研究人員被某種動機驅使，而決定進行某個主題的研究，挑選某題材來進行研究的背景，使用某種特定的研究法，實證資料的取得方法，甚至於結論的形成，原因可能都不是只有一個，只是研究者沒說出來而已[24]。以下，我們再分為兩個子題討論，其一，卡爾博格舉出了不少韋伯多元論的例子，其共同點是只有口惠而已，韋伯不是真的在意；其二，我們再檢視一下韋伯最關心的資本主義起源，是不是在多元因果分析之中所得到的答案。

口惠的實例

身為韋伯美式英語學術圈粉絲團團長的卡爾博格，無論如何也要向世人說明韋伯在多大程度拒斥單一因果解釋，並且支持多元（因果解釋）。在卡爾博格的大作《韋伯的比較歷史社會學今探》之中，這樣——支持多元、拒斥一元因果分析——的例子如果無法找到數十個，那麼，至少也能輕易地發現十數個。以下卡氏的五個說法，應該就足以為證了。第一個例子是，卡爾博格堅持「韋伯的比較歷史以連貫嚴謹的概念和步驟為基礎，它們一起闡明了一種『韋伯式』方法（*Weberian approach*）。他強調**多維理論框架**、**多重原因**〔粗體為吾人所加〕、過去和現在的深層連鎖關係，以及模式化行動在常規行動的複雜環境下的崁入性」[25]。這段話，除了多元論之外，卡氏還說明了韋伯獨特的研究方法。

我們接著看第二個例子，卡爾博格之大作的第一部分「重構主題」的介紹當中，清楚地說明：「韋伯始終堅持，因果分析必須基於一種多重因果關係的方法論；或者用他的話說，在分析程序中『觀念與利益』都具有可以引發社會轉型的那種巨大影響力。」[26]當然，吾人也希望可以看到韋伯多元且合理的因果關係，而不是只有多元而已。第三個例子，卡爾博格堅信韋伯所言，「牢固的行動模式既可能出於利益，也可能源自某種價值和傳統」，這是因爲「韋伯的社會學採取包羅廣泛的多元因果論」[27]。當然，我們也希望看到資本主義的起源即是用多元因果論來解釋，而非僅僅是某種精神在作祟。接下來，卡爾博格的說法給了我們第四個例子，他說：「韋伯研究者常常簡化了韋伯對歷史因果機制的理解。他們認爲……『卡理斯瑪』推動了前現代歷史的發展，『新教倫理』則單方面產生了官僚化、鋼鐵般僵固的資本主義。然而韋伯研究中典型的、並且廣泛使用的卻是多因果論（multicausality）；實際上，隨處可見的是對因果關係進行脈絡性的與多重性（thick web）……的理解。」[28]第五個例子，卡爾博格直接說出了韋伯多因果論可以從社會的幾個領域的「研究」看出來，包括「法律、宗教、經濟、支配、一般組織（家庭、氏族、傳統鄰里）、身分群體……」[29]。無疑地，這些領域看起來的確多元，但很可惜地，韋伯僅僅擁有極少的分析能力[30]。

從以上幾個例子看起來，讀者——包括筆者謝某——很難不相信卡爾博格所說的，韋伯一定是完成了大量研究，並且檢視了許多面向之後，歷經了多元因果分析之後才得到的論點。簡言之，大師級學者如韋伯，根本不可能伸手去拿一個——而且僅僅就這個——答案（例如新教倫理）就想回答極度複雜之歷史上資本主義的起源（也就是資本主義精神的出處），這無非是貶低了大師韋伯的分析能力了，而且這種事——化約之作法——是才疏學淺者如筆者謝某這種名不見經傳的（且有點年紀的）「初登場」者才會做的事。

資本主義起源之「多元論」

如果韋伯對於資本主義起源的探討堅持其「多元論」的話，也許就不應該花太多時間談新教的經濟倫理、救贖宗教，與信徒的內心焦慮，因爲這些都與行動者的動機有關。吾人以爲，韋伯應該花更多的時間在其他領域，像是政治、經濟、強權外交，與軍事活動等，是故爲了理解西方資本主義，我們期待韋伯談的會比某種經濟倫理能夠更深刻的一點，畢竟大師是韋伯，謝某只是小咖（腳色）而已。卡爾博格告訴我們以下的看法，他說：「對韋伯而言，社會變遷要是只參照馬克思主義、技術本位論、偉大人物論、結構論、進化論、理性選擇理論……〔等等〕，就會忽略太多因素。爲了充分理解**西方現代資**

本主義（粗體為吾人所加）的興起，還必須承認一種『現代經濟氣質』或最早見於禁欲新教的資本主義精神在**因果關係**（粗體為吾人所加）上是**一個主要力量**（粗體為吾人所加）。」[31]關於卡爾博格上述這一段話，吾人至少有以下三點看法。

第一，卡爾博格建議我們，應該學習韋伯，像韋伯那樣為了要完全弄懂「西方資本主義」，我們最好先承認有一種源自於救贖宗教的倫理，韋伯稱之為「現代經濟氣質」或者就是我們較早習慣的說法，也就是新教倫理，這種經濟倫理產生了資本主義精神。再來，資本主義就不知不覺地產生了，接下來，西方因為有了所謂的「西方現代資本主義」的加持，就領先東方（特別是中國）直至今日。重點在於，新教倫理與資本主義（精神）二者之間的「因果關係」，這是卡爾博格想要告訴我們的，雖然他的說法有點不同，但意義確是如此。簡言之，卡爾博格認為「現代經濟氣質」（或者是新教倫理）與資本主義之間有因果關係，具體而言，新教倫理導致了資本主義。但是，吾人在先前的拙著《社會學囧很大2.0》已經證明新教倫理與資本主義精神二者之間確實有親合關係，而不是因果關係，即使韋伯利用各種方式想把親合關係包裝成因果關係，但不幸地，被筆者謝某發現了[32]。卡爾博格是美式英語學術圈的韋伯專家，原則上，我們應該相信卡氏對韋伯的瞭解比我們要多得多，但是，就上述這段話而言，卡爾博格似乎對於親合關係與因果關係之間的區別並不感興趣。

第二，欲知道「社會變遷」，可以從不同的視角來觀察，例如「馬克思主義、技術本位論、偉大人物論、結構論、進化論、理性選擇理論」等，這樣的話，理應可以從不同的角度看到社會變遷不同的模樣，這就是多元因果分析，也是韋伯與卡爾博格向我們推薦者。然而，韋伯也好、卡爾博格也好，竟然說，從以上不同的視角來看，將會導致太多因素被忽略了，除非「現代經濟氣質」或最早發生在「禁欲新教的資本主義精神」被我們承認了。結果是，多元因果分析再怎麼好，也應該加上某種「現代」的、最早發生於「禁欲新教的資本主義」才有價值，否則多元因果分析也屬無用。看起來，所謂的多元因果分析眞是口惠而已，事實上，韋伯根本沒做到，而卡爾博格也不是眞的相信。

第三，或許重要性相較前面兩論點爲低，但相信還是値得一提，那就是以下這句話，它說：「爲了充分理解西方現代資本主義的興起。」當然這是卡爾博格爲了解釋韋伯內心最在意的問題而做的說明，然而，吾人完全同意卡氏所言，因爲這的確是韋伯一直想知道答案的問題。但吾人以爲，這個問題——西方「現代」「資本」主義之興起——引發了更多的問題，其一，爲何韋伯可以如此確定自十六世紀開始「西方」比較「現代」呢？韋伯分析並比較了十六世紀的歐洲與明清江南（長江三角洲）這個當時世界上富庶的地區（之一）嗎？看起來沒有，因爲韋伯以爲非西方世界不可能有這樣的地方。所以，「現代」西方來自於何？是韋伯的臆測嗎？應該是，也似乎只能如此而已；其二，卡爾博格可能不甚清楚韋伯除了著名的「英國問題」之外，尚有一個著名的問法叫「負面問題」，例如，中國與印度爲什麼無法產生資本主義，這樣的問題一提出，研究者只要找到一些可能的「證據」就可以了，這種問法在很大程度上簡化了研究流程，幾乎無須任何的研究設計，而且，絕大多數的讀者還滿喜歡的，因爲簡單，不必花太多腦筋就可以讀懂了。另外，負面問題的對立面就是正面問題，但正面問題是韋伯拿來幫西方問的，不可能用在東方（中國）身上，例如爲什麼在西方，而且只有西方才能產生資本主義？這是典型的正面問題，也是韋伯爲西方世界設計的[33]。這是不是西方知識體系對非西方的不公平呢？答案是肯定的。那麼，卡爾博格替韋伯所問的問題「爲了充分理解西方現代資本主義的興起」是否也是個正面問題？當然，如果我們有能力舉一反三的話，應該不難看出。

綜合上述的分析，我們可以清楚地看見，卡爾博格在分析韋伯的見解時，其難以隱藏的內心想法是：儘可能地爲韋伯撐住大師的地位，以免垮了下來。相信這對卡爾博格是最重要的事了。另一個重點是，因果關係並非韋伯眞正在意者，更不用說是所謂的多元因果關係了，讓我們重新回味一下卡爾博格上述段落的最後一句話：新教倫理與資本主義（精神）二者在「因果關係上是一個主要力量」，再加上韋伯在該段落的一開始即排除了不少多元因素，很清楚地，韋伯內心深處喜歡的是單一因果分析。以上的結論，筆者謝某並非靠著「瞭悟」而獲得的，而是做了「大量研究」才知道的事。

眾所周知，韋伯這一位比較歷史社會學家，對於過去的重要事件有其看法，在韋伯的大量研究當中，除了理念型這個概念工具之外，卡爾博格亦認爲韋伯的「多因果論」值得學習，爲了推銷大師韋伯的多元因果分析之有效性，卡爾博格說：「韋伯認爲過去對現在產生著持之以恆的影響。這一理解不僅植根於理想類型（理念型）的分析層次……包羅甚廣的多因果論對此也有助力。」[34]短短的幾個句子，道出了卡氏對韋氏學說的強烈認同，現在，我們就舉個例子來看看這些話的眞實性。吾人以爲，卡爾博格應該會同意，《新教倫理與資本主義精神》是韋伯最有名的一本傑作，讀過這本書的人難以計數，影響力無遠弗屆。並且，這本書談的正是「過去對現在產生著持之以恆的影響」，具體而言，十六世紀的宗教改革之後，才有了新教倫理，韋伯從新教的經濟倫理之中，看到了別人沒有注意到的資本主義精神，因爲這只發生在西方（所以，非西方地區的知識分子也想在自己的家鄉裡找到資本主義的影子，但怎麼找也是白費工夫）。我們被告知了「西方現代」資本主義產生了，但日期無法確定因爲歷史總是有偶然性，韋伯是這麼告訴我們的。西方因爲有資本主義，有理性化過程，所以持續領先至今。這正是過去對現在的影響，而且就像是鑽石恆久遠那般。

在《新教倫理》這本書裡，最有用的兩個理念型是新教倫理與資本主義精神，不過，這裡我們不再討論這個對韋伯來說（幾乎）是最重要的概念工具[35]。相信讀者與吾人內心的期待相似，既然卡爾博格對韋伯的多因果論有如此堅定的信心，那麼，我們應該可以在韋伯生前唯一出版的大作《新教倫理》之中，找到不少多元因果分析才對，因爲卡爾博格對我們耳提面命，他認爲「包羅甚廣的多因果論對此（指過去對現在的持久影響）也有助力」。換句話說，也具體地說，新教倫理與資本主義精神之間的「因果關係」（事實上應該是「親合關係」）應該可以在《新教倫理》這本書裡發現才是，然而可惜的是，讀者的期待又要再度落空了。卡爾博格誠實地告訴我們，韋伯的多因果論可以在他許多著作中看到，「當然，也有例外，正如韋伯對『新教倫理』的起源的分析……就看不到多因果分析。韋伯在此書（《新教倫理與資本主義精神》）中過於強調宗教領域的作用……借以想要充滿說服力地打入正在進行中的，對現代資本主義起源的討論中，而該討論恰恰忽略了宗教領域……」[36]。簡單說，《新教倫理與資本主義精神》這本傑作，裡頭根本沒有多元因果分析，吾人以爲，充其量只是理念型與理念型之間的「對話」。理念型非常好用，但卻有著烏托邦的性質，不必通過經驗事實的考驗，所幸地，剛剛好這本書裡也沒有經驗事實可以讓人檢驗，有的只是邏輯完美的理念型之間的相互扶持而已。不過，如果是這樣的話，韋伯三不五時地提醒我們，理念型要常常與歷史對話，除了他自己做不到之外，好像也騙我們，因爲連他最重要的著作《新教倫理》都只是理念型的操作而已，根本沒談什麼歷史事實。讀者還相信韋伯的多元論嗎？至少應該已經開始懷疑了吧！

那麼，單一因果關係的分析呢？吾人以爲，韋伯倒是對此頗有專長，上述的分析之中，我們不是看到了卡爾博格在談論韋伯的多元論時，不小心露了餡，將他心裡面認爲「新教倫理」與「資本主義精神」二者之間的連結視爲因果關係嗎？正是如此。

本章結語

卡爾博格教授是當今美式英語學術界裡的「韋伯通」，如果吾人可以這麼稱呼他的話，因此所有的議題——無論是韋伯或是其支持者所引起者——基本上都難不倒卡爾博格，也難怪卡氏能在全球最重要的學術圈占據一席之地，這的確不容易。想想謝某本人，光是想在這個不怎麼大的島嶼學術圈立足，再稍微帶點名氣，都難以達成。於是，在這種不太像樣的比較之下，想必更能突顯卡爾博格在學術上的成就，特別是在韋伯學說的立論上。當然，勉強爲人師表的謝某，在比上遠遠不足的情況下，還是不能氣餒，只得繼續寫作，希望有朝一日能與學術界檯面上的重要人物平起平坐，雖然我們常常聽到「人人平等」這四個字，但這似乎只是在安慰地位不高的人而已。

卡爾博格雖然在韋伯學說上的理解程度可圈可點，但如果一定要謝某在已近尾聲之前再說點什麼的話，那麼謝某會說，卡氏的問題當然不是知道韋伯太多了，而是批評韋伯太少。但問題來了，爲何卡氏批評韋伯太少呢？當然是因爲他太喜歡韋伯了，不小心在做學術研究時，偷偷地放進了私人的喜好（與厭惡，如果有的話），這一點，剛好與謝某相反，謝某總是在看了其他學者的作品有點生氣之後，才決定「出手反擊」，雖然到目前爲止，幸好還沒有學者對吾人做出「不利」的舉動。另外，除了卡爾博格個人的偏好之外，吾人以爲，對於東方（中國）之不瞭解是主要的原因，正因爲不懂中國，所以只能將韋伯的東、西方歷史比較視爲合理，然而這正是問題之所在，因爲韋伯對東方，特別是中國，所知有限。所以，其大作讀起來總讓人覺得只有一些行爲類別、精巧的理念型，以及邏輯完美的概念，但只要韋伯站在東方（中國）的經驗事實之前，幾乎沒有能力處理，這是可惜之處，也有些可悲，對整個社會學的研究而言。然而，卡爾博格對於韋伯聲望的維持，事實上是有加分的效果，如果他的讀者對中國也知之甚寡的話。

吾人以爲，大師韋伯之所以受大多數學者與學生喜愛的原因，在於其所說的西方的理性主義、資本主義、邏輯完美的形式理性的法律、官僚體制，與也許是最重要的經濟倫理等，總是讓人有一種感覺，那就是：在資本主義之下，只要努力就能得到自己想要的一切，在這種韋伯爲後人所繪製出來的美麗圖像裡，怎麼可能還有空間讓歐洲人販奴、毒品交易，與屠殺原住民行爲被畫出來呢？怎麼可能讓歐洲人控制的殖民地下生活的原住民之悲慘世界得以呈現呢？

韋伯美化了歐洲人數百年來在世界各個角落的惡劣行徑，卡爾博格則用盡了各式各樣似是而非的論述，將韋伯塑造成全天下最擅長於比較歷史社會學的偉大學者，繼續掩蓋不能被知道的經驗事實，繼續讓韋伯坐在古典社會學的神壇之上，接受來自各方信徒的膜拜。

◆註 解◆

[1] Steve Kalberg, *Max Weber's Comparative Historical Sociology Today: Major Themes, Mode of Causal Analysis, and Applications* (London: Routledge, 2016). 吾人以為，華文學術圈的讀者應該都懂英文，是故，在這裡就不翻譯這本英文專書的中文書名。

[2] George Ritzer, *The McDonaldization of Society: An Investigation into the Changing Character of Contemporary Social Life*, revised edition, (Thousand Oaks, Calif.: Pine Forge Press, 1996).

[3] 史蒂芬・卡爾博格（Steve Kalberg），張翼燀、殷亞迪譯，蘇國勛策劃，《韋伯的比較社會學今探》（上海：上海人民出版社，二〇一〇）。

[4] 吾人以為歷史學家（專家），或比較歷史學家可視為同義詞。事實上，無須再加上「比較」二字，因為在研究者的腦海中，即使單純地撰寫一國之歷史，亦會自動地出現該國之比較對象，這無可避免。所以，歷史學家可以視為比較歷史學家的簡短稱呼。

[5] 有學者認為西方領先中國的時間落在十八世紀中葉，請參照，彭慕蘭（Kenneth Pomeranz），《大分流：中國、歐洲與現代世界經濟的形成》（台北：巨流出版社，二〇〇四）；另有學者認為西方要到十九世紀中葉的兩次鴉片戰爭（中國稱第二次鴉片戰爭為英法聯軍）之後，請參照，謝宏仁，《顛覆你的歷史觀：連歷史老師也不知道的史實》；更多的學者認為西方自五百年前哥倫布到達美洲之後，即已領先全球了，請參照，Immanuel Wallterstein, *The Modern World-System 1: Capitalist Agriculture and the Origin of the Europe World-Economy in the Sixteenth Century* (San Diego, Calif.: Academic Press, INC. 1974) 以及教育部一〇八歷史科課綱審查委員們之大作，這些人以及其作品應該大多認為中國自一五〇〇年左右即已落後至今。

[6] 請參照，謝宏仁，第一章，〈儒教倫理與資本主義精神〉，《社會學囧很大1.0：看大師韋伯如何誤導人類思維》（台北：五南圖書，二〇一五）。

[7] 王國斌（R. Bin Wong），〈農業帝國的政治體制及其在當代的遺跡〉，卜正民（Timothy Brook）、格里果利・布魯（Gregory Blue）主編，《中國與歷史資本主義：漢學知識的系譜學》（台北：巨流圖書，一九九三），頁二八一～三三四。

[8] 我們在本書第一章〈洪鎌德〉專章，提及了宋巴特不認同韋伯所說的資本主義精神促成了歐洲資本主義的興起，宋氏相信是奢侈品貿易對資本主義產生的促進作用，騎士這個階層是宋氏的重要例子，請參照〈洪鎌德〉專章。謝某以為，宋巴特所言甚是，歷史上看來，奢侈品帶來的超高毛利，的確讓許許多多想賺大錢的人變成了探險家，如果他們可以活著回來的話。

[9] 史蒂芬・卡爾博格（Steve Kalberg），張翼飛、殷亞迪譯，蘇國勛策劃，《韋伯的比較歷史社會學今探》，第一五七頁。

[10] 史蒂芬・卡爾博格（Steve Kalberg），《韋伯的比較歷史社會學今探》，第一五八頁。

[11] 雖然如此，現在的韋伯倒是擁有不少熟悉中文的朋友與粉絲，本書第一章與第二章討論的主角，即洪鎌德教授與蘇國勛教授，前者相對熟稔繁體中文，後者簡體中文。

[12] 蘇國勛，《理性化及其限制：韋伯思想引論》（北京：商務印書館，二〇一六）。

[13] 關於「封建」之誤譯，請參見 岡田英弘，《世界史的誕生：蒙古帝國與東西洋史觀的終結》（新北：八旗文化，二〇一六），第二六八頁。

[14] 洪鎌德教授認為韋伯已解決了英國問題，但吾人對此持不同的意見，謝某以為，韋伯不僅沒有解決英國問題，另外，更重要的中國問題，韋伯更是沒有能力解決。關於英國問題與中國問題的爭論，請參照本書〈洪鎌德〉專章。

[15] 卡爾博格，《韋伯的比較歷史社會學今探》，第三一頁。

[16] 卡爾博格，《韋伯的比較歷史社會學今探》，第四九頁。

[17] Max Weber, *Economy and Society*, edited by Gunther Roth and Claus Wittich (New York: Gdeminster Press, 1968), p. 4, 引自卡爾博格，《韋伯的比較歷史社會學初探》，第一一〇頁。

[18] 卡爾博格，《韋伯的比較歷史社會學今探》，第一一〇頁。

[19] 卡爾博格，《韋伯的比較歷史社會學今探》，第一一一頁。

[20] 吾人以為，事實上，瞭悟這個方法含有幾分的猜測成分，只是學者們不好意思提出來而已，畢竟這一招是大師韋伯為後人留下來的珍貴遺產。

[21] 卡爾博格，《韋伯的比較歷史社會學今探》，第五〇、五一頁。

[22] 如果這樣的標準為大多數的信徒所接受的話，那麼，能成為上帝的選民者，或者應該說有信心成為上帝預先所選擇的人，應該都是相對有錢的人。在新教這種經濟倫理的誘導之下，為了證明自己是上帝所選擇的人，信徒們一生能夠賺得的金錢之總數變得重要起來了，如此，原本賺錢只是手段而已，極可能在不知不覺之中變成了目的。韋伯告訴我們，後來資本主義精神變了質，但韋伯所指的，應該是宗教改革之後的一段不算短的時間，然而，謝某以為，應該不需要等太久，資本主義精神就已經變了質，例如十七世紀以喀爾文教派為主的荷蘭掌控了大西洋與印度洋的奴隸貿易，累積了龐大的財富，部分的商人也是信奉喀爾文教派的虔敬者最終用大筆財富證明自己是上帝所預先選擇的子民。

[23] 卡爾博格，《韋伯的比較歷史社會學初探》，第一五四頁。

[24] 筆者謝某的個人經驗並不重要，也不值得學生模仿，但利用一點小小空間分享一下吾人寫作之動機。想起來有些汗顏，謝某因為個人修養欠佳，經常在閱讀學者——特別是極具知名度者——的文章時，只要一看到某位研究者的論文實在沒啥說服力之時，內心總有一把火，而且愈燒愈旺，心想萬一這些不怎麼樣的論點「流落」到人間，將會誤導了年輕學子們，於是只好利用時間來寫作，如此才能讓不同的聲音被聽到。後來，意料之外地，或許是韋伯說的「歷史」的偶然性吧！？發現寫作可以讓時間很快地過，而無須擔心下一刻鐘到底應該做什麼才好。總之，吾人的寫作，可以說沒有計畫，也並非為了知識的累積，更沒有想到作育英才這樣偉大的事。不過，謝某的忘年之交，成大歷史系退休老師鄭永常教授，其辛苦的人生與奮鬥的精神，千真萬確地足以讓後輩們學習，其新作值得再三玩味，請參見鄭永常，《香港的回憶》（台北：萬卷樓圖書，二〇二一）。

[25] 卡爾博格，《韋伯的比較歷史社會學今探》，第八頁。

[26] 卡爾博格，《韋伯的比較歷史社會學今探》，第十四頁。

[27] 卡爾博格，《韋伯的比較歷史社會學今探》，第八九頁。

[28] 卡爾博格，《韋伯的比較歷史社會學今探》，第一〇三頁。

[29] 卡爾博格，《韋伯的比較歷史社會學今探》，第一〇八頁。

[30] 請參照謝宏仁，第二章，〈走進歷史也就走出困境〉，《社會學囧很大3.0：看大師韋伯因何誤導人類思維》（台北：五南圖書，二〇二〇），頁六一～一一四。

【31】卡爾博格，《韋伯的比較歷史社會學今探》，第六四頁。

【32】謝宏仁，第二章，〈隱身在歷史研究的「價值中立」〉、第四章，〈重讀經典《新教倫理與資本主義精神》〉，《社會學囧很大2.0：看大師韋伯為何誤導人類思維》（台北：五南圖書，二〇一九），頁六九～一二二、頁一七九～二三四。

【33】關於韋伯著名的「負面問題」（與「正面問題」），請參照謝宏仁，第四章，〈演技派韋伯的造型設計師〉，《社會學囧很大3.0》，頁一六九～二二〇。

【34】卡爾博格，《韋伯的比較歷史社會學今探》，第一〇四、一〇五頁。

【35】關於這本書的評論，可以參考吾人之拙著，〈重讀經典《新教倫理與資本主義精神》〉一文。關於理念型（理想類型），卡爾博格對此概念工具提出了他的「四不」看法，包括「不旨在對經驗現實提一個全面的描述」、「也不想發現一般規律或理論」、「……不企圖把壓倒一切的分化、普遍化或者大規模的進化歷程加以概念化」、「不致力於證明某種從『傳統』到『現代』……的轉型……」。看起來，新教倫理與資本主義精神在很大程度違反了「四不」原則。請參見卡爾博格，《韋伯的比較歷史社會學今探》，第一一九頁。另外，吾人以為，卡爾博格應該不知道理念型如果持續地與歷史對話，不只不可能如韋伯所言，可以讓理念型於完美，而且，可能的情形是理念型會失去效用。因為卡式對理念型寄予厚望，是故理念型的運用可以讓宏觀比較成為可能，並且他相信韋伯對於跨國比較研究——特別是中國、印度與西方之間——是無人能及的，卡爾博格說了些有點讓人覺得噁心的話，想必韋伯所研究的中、印他也不懂，只能照（韋伯的）單全收了。卡爾博格道出其心聲：「韋伯是典型的比較社會學家……從不間斷地尋求嚴格應用實驗法（experimental method）來析離出（isolate）獨特性的社會學家。沒有任何一位其他的社會學家像韋伯那樣，為了精確界定那些區別了中國、印度與西方的特定發展路線的原因，持之以恆地在文明層次明確地進行廣泛的比較研究。」請參照卡爾博格，《韋伯的比較歷史社會學今探》，第一二八頁。關於理念型與歷史對話可能產生的問題，請參照謝宏仁，《社會學囧很大1.0》與《社會學囧很大2.0》之部分章節；另外，「結構的」韋伯研究能力不足——特別是其宏觀比較的能力——的證據，請參照謝宏仁，第二章，〈走進歷史也就走出困境〉，《社會學囧很大3.0》。

【36】卡爾博格，《韋伯的比較歷史社會學今探》，第一〇八頁註一；卡爾博格對此忽略之詳盡分析，請見該書

之附錄一，〈社會諸領域在馬克斯·韋伯社會學中的中心地位：維爾納·桑巴特（宋巴特）的挑戰〉，頁二九九～三〇五。

第四章　英式英語學術圈的韋伯專家：紀登斯

日前，北部某知名私立大學的社會學系裡討論了一個臨時動議。事情是這樣的，因爲研究生多來自不同的科系，系上爲了使背景不同的新成員對社會學系有多一些認識，小魯教授（已匿名處理）希望由每位老師根據自己不同的專業領域爲學生介紹兩冊「經典」著作。當時，大家都照做了，唯獨老謝（亦已匿名處理）在嘀嘀咕咕說起了一堆讓人聽不懂的反對理由後，頭也沒回地走了。後來聽他的學生說，原本老謝想推薦韋伯的《新教倫理與資本主義精神》，作罷的原因是，聽說近來學術界出現了個囂張的、但名不見經傳的傢伙，一連寫了四本《社會學囧很大》的系列作品來挖苦韋伯。老謝心裡想，如果他真推薦了《新教倫理》，萬一學生問起了那四本系列作品，那不是還得先唸完它們嗎？這可是個大工程。就是這雞毛蒜皮的小事惹火了老謝，只因爲他還不知道到底是哪位仁兄把他平靜的生活弄得這麼複雜？

這一章的討論裡，我們要從歐洲找一位韋伯的專家，而且是英式英語學術圈裡，因爲吾人已經討論完繁體與簡體中文學術圈，以及美式英語學術圈裡的韋伯專家，這裡我們只需要再找到一位以英式英語爲主要寫作語言的學者，那麼就可以完成中、英文學術圈韋伯專家的探討了，這樣的話，在全球學術圈應該已經占了相當大的分額了，如此的話，吾人以爲，這能夠在某種程度上增添這本小書的重要性[1]。

現在，倘若我們在以英式英語爲主要寫作語言的學術圈裡，想要尋找一位韋伯專家的話，那麼吾人以爲，擁有如此資格的安東尼·紀登斯（Anthony Giddens）教授應該就是上上之選，因爲我們只需要一個理由就有了足夠的說服力，這個理由是：紀登斯讓社會學這個學術領域從此有了「古典三大家」，即馬克思（一八一八～一八八三）、涂爾幹（一八五八～一九一七）與韋伯（一八六四～一九二〇）三人。具體而言，紀登斯早在一九七一年就已經出版了其畢生之傑作，也就是《資本主義與現代社會理論》（*Capitalism and Modern Social Theory: An Analysis of the Writings of Karl Marx, Émile Durkheim, and Max Weber*）[2]這本書。在該書中，紀登斯將馬克思、涂爾幹與韋伯三大家並列，至今已廣爲社會學者所接受。書裡，紀登斯重新詮釋了馬氏、涂氏與韋氏的論點，試著將三人的論點融會貫通，可以這麼說，紀氏以其卓越的分析與整合能力，確立了三人在古典社會學理論的崇高地位，至今幾乎不曾動搖[3]。如此，選擇紀登斯爲英式英語學術圈的韋伯專家應該是具說服力的，只是，紀氏同時也是馬克思與涂爾幹學說的專家，這一點與前三章的主角略有不同。另外，關於紀登斯還值得一提的是，他出版的專書高達數十本，論文則有數百篇，是一位多產作家。

在紀登斯的另一著作《民族—國家暴力》[4]（*Nation-State and Violence*）這本書中，紀登斯列舉出四個制度性維度（面向，dimensions）共同形成「現代性」，包括了與資本主義裡與私有財產有關的階級[5]、與多元政治有關的監控、與武裝力量有關的軍事暴力，以及工業主義[6]等。因爲篇幅的限制，筆者謝某只能討論其中之一部，特別是西方列強的軍事力量在所謂西方「現代性」的貢獻，如此之貢獻可以說相當卓越，而且紀登斯的確也留意到這個重要因素，不能不予以肯定。

本章的結構主要分爲三個部分，第一，吾人挑選出紀登斯之「現代性的制度性維度」裡的「軍事暴力」來討論，這個小節裡，我們將先討論當今英國最著名的歷史學家尼爾．弗格森（Niall Ferguson）如何描繪大英帝國的偉大與這個帝國爲世界留下的「珍貴」遺產，誠如紀登斯的軍事工業在資本主義的發展當中，扮演著重要角色，我們看看英國當年科學與技術的重大發明——馬克沁機槍（Maxim Gun）——在戰場上的「傑出」表現，另外，我們還將討論韋伯心裡的「現代性」之模樣；第二，我們檢視紀登斯如何詮釋最重要觀點，也就是韋伯生前唯一出版的作品，即《新教倫理與資本主義精神》這本書，裡頭所討論的新教與資本主義二者之間的關係將（再次）成爲我們分析的重要，希望可以看到紀登斯獨到之見解。另外，這一小節之中，我們將再分爲四個子題來分析，其一，新教與經濟理性；其二，清教精神；其三，不談「精神」的資本主義；其四，天職觀與資本主義等幾個部分；第三個部分，我們將會看到一群不懂新教經濟理性的陝商，也就是陝西商人。陝商是明清中國的第一商幫，這群人也很會賺錢，其活躍於商場的漫長時間裡，有一小段與韋伯感到興趣的深受新教經濟理性所影響的商人重疊，分析他們或許可以讓我們知道一些韋伯這位號稱東、西歷史比較研究大師可能忽略的事。最後，吾人總結本章的發現。

現代性的制度性維度：軍事暴力

紀登斯對於「非此即彼」的化約論堅決反對，但是，他卻指出了古典三大家均為化約論者。雖然三者都有自身的問題，但是對於紀氏而言，這三大家還是像三塊美玉那般，不會只是因為有些幾乎看不見的小斑點而掩蓋其光采，更重要的是，紀登斯還是試著「融合」馬克思、涂爾幹與韋伯三大思想家的「現代性思想」，並且再針對社會現實加入了他自己新的解釋。

吾人以為，紀登斯為資本主義的發展，加上了軍事工業化這個面向的分析，其實是頗具說服力的。具體而言，在紀氏融合了三大家之「化約的」想法之後，他提出了所謂的「現代性的制度性維度」之四要素，包括了資本主義（私有財產、資產階級與無產階級）、工業主義（特性的轉變，人造的環境）、監控（多元政治）與軍事力量（軍事工業化情境中的武裝力量）等四項[7]。然而，就其軍事力量這個面向而言，吾人以爲，紀氏所談者又讓人覺得有種避重就輕之感，彷彿軍事暴力這件事充其量只是科學與技術的一項展示而已。例如，紀登斯論及「整個十九世紀，大國之間定期舉行國際會議，以裁決各種潛在的危險爭端。新興的民族—國家之間相對穩定……可是，這個時期正是軍事能力和創新的高漲期，其後果使得歐洲軍事力量首次在其他地方也被感覺到了」[8]。紀登斯引用了威廉．麥克尼爾（William H. McNeill）的話，紀氏說：「……十九世紀全球範圍的帝國主義體系中，歐洲人在舉手投足之間，就是亞洲人、非洲人和大洋洲人的大災大難。」[9]這裡，紀登斯也好，麥克尼爾也好，只是用較大的畫筆粗略地描下輪廓，稍後我們會再看到較細緻的畫面，悲慘的情況或許可以重現，而歐洲的（或紀登斯的）「現代性」必須與非歐洲人——大部分爲非洲人——的「悲慘性」結合，二者難分難解。

那麼，西方爲何勝出？這個議題在世界史上自有其不言而喻的重要性，不少學者提出自己的見解來回答這個問題，大師韋伯就是其中的一員。不過，西方學者——也包括韋伯本人——似乎不太願意去談論歐洲列強之軍事暴力的使用，反而去尋求一些比較正面的因素，像是良好的制度、自由民主思潮、個人主義，以及西方相對優越的政治制度等。當然，韋伯心目中最好的國家應該是德國，然而談到了帝國、現代國家，以及與之相關的

「現代性」，大英帝國或許較合適些，但它不是韋伯的祖國。而紀登斯對於這個國家當然相對熟悉，說不定紀氏也認爲最適合與「現代性」連結在一起的國家就是英國，只是他不好意思明說而已。當然，這還不是最重要的問題，我們還得回到主題之上。以下，我們再分三個子題探討，第一，我們看一下著名歷史學者弗格森心目中的大英帝國爲何而偉大？第二，吾人以爲，論及軍事力量的展現，馬克沁機槍應該予以特別的關注，因爲這沁機槍不可思議地這與大師韋伯有關；第三，我們也得談談韋伯內心的「現代性」才行，畢竟這是紀登斯結合了三大家之後產生出來的、融合的看法。我們先看弗格森的偉大帝國。

弗格森的偉大帝國

十九世紀的大英帝國或許是所謂的「現代性的制度性維度」之「軍事暴力」的絕佳例子。紀登斯在《民族—國家暴力》[10]這本書裡，提到了資本主義與軍事工業化二者的關係，無論紀氏寫得如何（不）具說服力，都已經是在研究資本主義爲數眾多的專書與期刊論文當中的佼佼者了，因爲大多數的學者——特別是來自西方的那群人——不喜歡談論暴力，尤其是那些西方人牽涉其中的事件，例子其實是多到不勝枚舉的地步，但我們只消提出幾位即可。例如，韋伯希望自己的國家能與英國結盟，並且他也支持德國的海外殖民活動[11]，但韋伯不可能不知道這樣的結盟與殖民地的爭奪會造成當地原住民被大量殺害，不過，韋伯在乎的是「價值中立」在學術上的問題，更甚於他不可能認識的原住民。所以，紀登斯願意將隱含在「（西方）現代性」的軍事暴力突顯出來，就已經值得嘉許了，不必然一定得先寫出膾炙人口的作品。

弗格森的傑作《帝國：大英帝國世界秩序的興衰以及給世界強權的啓示》[12]應該可以爲紀登斯「現代性的制度性維度——軍事暴力」增加一些花絮，讓紀氏的「現代性」更加豐富多采。此外，雖然弗格森這樣專書的目的還是在於爲其祖國（的前身）大英帝國擦脂抹粉，然而吾人以爲，弗格森仍然值得予以讚揚，因爲他勇於寫出西方學者不太敢寫的東西，例如弗氏在該書的第五章〈馬克沁機槍的威力〉[13]中的一個小節叫「殺戮無數」裡，就有一些畫面是十二歲以下的小孩必須要監護人在場才能觀看的，我們稍後會將之描繪出來。弗格森總結道：「事實上，在這些領域（指文化和體制傳播問題），大英帝國留下的足跡似乎更顯（而）易見且難以抹殺。當英國人統治一國之時，就算是只有透過軍事和金融力量影響當地政府，他們有意識地傳佈英國社會與眾不同的特徵。其中，比較重要的包括：一、英語，二、英式不動產保有權形式，三、蘇格蘭和英格蘭式的銀行業，四、習慣法，五、新教，六、團隊運動，七、政府權力有限的『守夜人』國家，八、議會體制，九、自由的觀念。」[14]弗格森還問了個問題，清楚地說明了，他認爲這個世界還好（曾經）有大英帝國，他問道：「我們…有理由懷疑，在沒有大英帝國的情況下，世界是否還是會相同，或是類似的面貌？」[15]弗氏這種反問的方式，當然是在告訴其讀者，世界之所以美好，因爲有大英帝國，弗格森心裡想的應該是，世界上大多數的人都很喜歡英國人，只是弗氏不好意思說出來而已。

那麼，上述九個弗格森所提之大英帝國「與眾不同的特徵」，到底眞相如何呢？當然，這裡無法一一討論，故只談第一個英語和第九個自由的觀念。關於英語，簡單說，英國人在十八世紀時取代了荷蘭成爲奴隸制度的霸主，奴隸們學習英語的速度應該是最快的，因爲聽不懂英語可能會招來一陣毒打，倒霉的還會沒命。十九世紀時，英國在海外占領的「殖民地」使它變成了日不落國，只要太陽照得到的地方，都有人會講英語，不流行也難。再加上二十世紀的兩次世界大戰之後，美國變成了世界霸權，雖然美國人使用美式英語，跟英式英語略有差別，但還是英語，簡單說，看起來英語被如此廣泛地使用，與霸權關係密切，並不是因爲大家比較喜歡英國人。英國首相波力士．強森（Boris Johnson）在其政權因爲疫情期間自己的派對門與閣員的性醜聞倒台之前，帶領著英國脫離歐盟，但歐盟主要的溝通語言還是英語，的確，歐盟似乎也沒有更好的選擇，因爲德語也好，法語也好，選擇其中的一種，都會使另一個國家的國民不滿。不過，吾人以爲，英語的流傳與軍事暴力——紀登斯的「現代性」組成要素——關係匪淺，這點應該謹記在心。

接下來，關於「自由」二字，弗格森說：「自由的觀念可能是最重要的，因為它始終是大英帝國最顯著的特徵……英國社會總會……以自由為最高標準持續強而有力地批判大英帝國的行徑，在某種程度上賦予大英帝國自我檢視與自清的機會。」[16]吾人以為，大多數的英國人必然喜歡弗氏的論述，也難怪弗格森是當代英國最知名的歷史學家，英國有許多電視劇在弗氏的觀念下拍攝完成，將大英帝國的「偉大功績」傳遞給英國人的下一代。當然，筆者謝某用稍微不那麼學術的講法來描述弗氏觀點，這叫「得了便宜又賣乖」。所謂的「自由」二字，有哪個殖民地的人民可以享有呢？我們只消看看英國大哲學家約翰・彌爾（John Stuart Mill）這位號稱「自由之父」或「自由的集大成者」如何用其「學術」觀點來為大英帝國合理化帝國軍事暴力的使用，就可以知道「自由」二字對英國人以外的人種有什麼虛幻了。彌爾用「功利主義」的觀點，來證明英國殖民印度的合理性，因為對於印度人這種尚未開化的人，只有在已開化的英國人的「帶領」下才能走向進步。另外，彌爾更利用邊沁（Jeremy Bentham, 1748-1832）的「預設證據」之說，來合理化英國在中國販毒行為，他認為只要在鴉片的包裝上寫上警語（像是「吸食鴉片有礙健康」之類）就可以讓中國的消費者享受最大的自由了，具體而言，彌爾認為兩種自由——即販賣的與消費的自由——均應該予以保障。的確，我們很難想像現在的大學哲學系、政治系仍在為彌爾的偉大思想讚嘆著，彌爾卻是一位擁護大英帝國全球殖民主義與在清中國毒品販賣的御用學者[17]。

這裡，或許應該再談一下鴉片戰爭，這是英國人在清國領土上打贏的第一場戰爭，弗格森可能還以爲鴉片戰爭是英國爲了自由貿易而開戰，犧牲了英國士兵的寶貴生命之後，我們所處的世界才能有今日的美麗模樣！然而，事實是：英國人向清中國買了太多茶葉，付了錢卻不甘心，於是在印度種植鴉片，向清國銷售，清國禁止，於是英國海軍舉著「自由貿易」的大旗砲打廣州城，強逼清廷進行「貿易」，我們才剛剛談過彌爾爲英國政府找台階下的說法，因此這並不奇怪，奇怪的是，時至今日，華人仍有十之八九不解鴉片戰爭之來龍去脈，還繼續以爲是有人沒向乾隆皇磕頭所引起[18]。

至此，讀者是不是覺得自己仍然看不清楚弗格森心目中之功績無數的大英帝國呢？吾人以爲，在瞭解馬克沁機槍的威力之後，對於頗感迷惑之處應該就會頓時明朗了。

馬克沁機槍

曾在一九四〇年到一九四五年與一九五一年到一九五五年擔任英國首相的溫斯頓・邱吉爾（Winston Leonard Spencer Churchill, 1874-1965）（與前一章重聽的丘寂耳先生並非同一人），被譽爲二十世紀最重要的政治領袖。邱吉爾在年輕時參加了第一次英國海外殖民戰爭之後，當時他問了一個好問題，他說：「一個文明社會所從事的事業中，還有什麼比在一片蠻荒之地，幫助他們土地富饒、人丁興旺更爲崇高和利人利己的呢？爲爭戰不休的部落帶來和平，爲野蠻暴力的社的帶來公平和法制，打破奴隸身上的枷鎖，從土地中獲得豐收，埋下商業和教育的早期種子，幫助整個民族追求幸福、消除痛苦，還有什麼理想能比這些更美好，更有價值，更能啓發人類？」[19]如此理想化、美化了的圖像未必能讓當時年輕的邱吉爾相信一輩子，但是，從邱吉爾這段話當中，也能或多或少得知英國政府對軍人的「教育」是成功的，讓士兵認爲出兵海外是在幫助當地人得到最大的幸福。當然，邱吉爾最終也會意識到大英帝國的海外殖民活動，對當地人並非總是好的，也絕非如此地深具啓發性。

以下，我們看一段在弗格森傑作中的第五章〈馬克沁機槍的威力〉當中的一個小節「殺戮無數」，這是紀登斯感興趣的軍事工業所產生之效果，應該對英國「現代性」的制度性面向的理解會有幫助，雖然「殺戮無數」與「現代性」二者看起來似乎很難相容。然而，相信謝某這樣的論點，紀登斯應該不會反對。關於馬克沁機槍在非洲（與其他地區）所達到的征服的效果，英國當今最著名的歷史學家弗格森這麼說：

一八九八年九月二日所發生的事件，反映出維多利亞時代統治末期的帝國主義達到了鼎盛時期，同時也是將統治世界視爲種族特權思想最盛行的時期。烏姆杜爾曼（Omdurman）戰役在沙漠部落的一支軍隊與世界歷史上最強大帝國的一支強大軍隊爆發戰事，雖然敵方明顯有人數優勢……烏姆杜爾曼戰役顯示了帝國屠殺最極端的時期。英國人又一次從戰略和經濟的綜合考量出發拓展疆域。入侵蘇丹部分也是爲了對其他帝國的野心作出反應，特別是對法國，法國早就對尼羅河上游地區虎視眈眈[20]。

從一八八〇年代開始，蘇丹就是大規模宗教革命的中心，一位富眾人威望的聖人自稱馬赫迪……準備爲紀律嚴明的伊斯蘭瓦哈比教派（Wahabbist）而戰。馬赫迪得到了沙漠部落的支持，公開挑戰英屬埃及的統治權……就在尼羅河畔的喀土木，兩個文明發生了衝突：一方是久居沙漠的伊斯蘭基本教義派，另一方是訓練有素的英國基督教士兵加上埃及和蘇丹的輔助部隊……伊斯蘭士兵們的勇氣讓邱吉爾深感震驚[21]。這完全是依託於一種燃燒的宗教激情，他聽到他們不停地唱：「上帝只有一個，穆罕默德就是上帝的使者」……最終，邱吉爾略帶諷刺的挖苦到〔？〕，伊斯蘭士兵找不到一絲機會攻破「機槍掃射的火力網，正是舉止高尚的文明國度才會生產出這樣完美的產物」。英國人有馬克沁機槍……回教兵團……多數人還是依靠老舊的毛瑟槍、長矛和刀劍。邱吉爾生動地描述了最後不可避免的結果：「馬克沁機槍的灼熱讓他們幾乎脫水，有些人不得不從卡麥隆高地的水壺中喝些水才能讓自己繼續作戰……而在平原的另一邊，子彈在撕裂著肉體、皮開肉綻、骨裂漿迸、鮮血四濺，勇猛的士兵在呼嘯的槍林彈雨、硝煙瀰漫中掙扎前進——痛苦、絕望、死亡……衝鋒在前的回教士兵紛紛倒下，屍橫遍野，而後面的人躊躇不前[22]（以上段落，原文即爲標楷體）」。這些景象全在五小時之內發生。

雖然弗格森在其專書《帝國》寫作之目的是讓讀者瞭解大英帝國的存在對世界是有貢獻的。然而，吾人以爲，這本《帝國》的另一貢獻在於，弗格森在他的〈馬克沁機槍的威力〉這一章的「殺戮無數」小節裡，眞實地寫出了英國人是爲了戰略——阻止其他列強與之爭奪殖民地——與經濟的綜合考量而入侵蘇丹。並且，「意外地」我們也看到了邱吉爾先生對英國在海外殖民地的活動抱持著肯定的態度，因爲這是英國人爲了幫助野蠻人而採取的行動，明顯地，邱吉爾內心裡有一種沉重的白種人的負擔，這是上帝加諸在特定人種身上的任務，它很重而不易扛在肩上，但不得不做，對邱氏而言。

邱吉爾更在他諾貝爾獎等級之文學素養的基礎上，用藝術家的角度爲後人描繪了英國（加上埃及「志願」軍）如何用科學與尖端技術的「現代」武器，將大多數拿著「傳統」長矛的沙漠部落的回教士兵，打得「皮開肉綻」、「骨裂漿迸」、「鮮血四濺」以及「屍橫遍野」的景象。這種隱含著「現代性」的武器所造成的結果，相信可以爲紀登斯的「現代性的制度性維度——軍事力量」，也就是，軍事暴力（軍事工業化情境中的武裝力量）

之效率、結果，以及西方優越感的重要來源提供經驗事實上的支持。簡言之，吾人以爲，邱吉爾的藝術天才浪漫化了紀登斯的「現代性」憧憬，同時，也多給了讀者一些想像的空間。

針對上述年輕的邱吉爾對戰況的描繪，弗格森再加上了「有人估計，伊斯蘭士兵的傷亡率達95%〔52,000X0.95=49,400人〕，至少有五分之一〔52,000X0.20=10,400人〕的人戰死，而盎格魯－埃及軍隊只有不到四百人傷亡。基奇納〔赫伯特・霍雷肖・基奇納將軍（General Herbert Horatio Kitchener）〕在戰後巡視戰場時挖苦道，敵人簡直被打的『一敗塗地』。但他並未就此滿足，緊接著，他下令摧毀馬赫迪的墳墓，邱吉爾說：『把馬赫迪的頭顱放在一個煤油罐上，就好像是一座獎盃』……私底下，邱吉爾對褻瀆馬赫迪的遺體的做法〔作法〕非常反感，也對這種『不人道的屠殺傷者』的作法深表惋惜……但考量到大眾的偏好，他還是盡責的〔地〕發佈消息——烏姆杜爾曼戰役『是用科學武器對抗野蠻民族的一次象徵性勝利』……〔此〕戰役似乎再次驗證了一個久遠而無庸置疑的道理，那就是誰膽敢挑戰英國人，就將受到嚴厲的制裁。當然，這次戰役還有一個教訓……德國人很快意識到了，馬克沁機槍是戰爭勝利的關鍵。威廉二世（Wilhelm II）早在一八八八年〔即位的第一年〕就觀摩過這種機槍的展示……受烏姆杜爾曼戰役的影響，德國立即決定將德國軍隊中的輕步兵編入四人一組的馬克沁機槍。到一九〇八年，馬克沁機槍已經成爲德國步兵團的標準配備」[23]。的確，如果德國陸軍的步兵團都擁有了馬克沁機槍的話，韋伯希望德國能在國際政治獲得話語權的願望並非不可能完成。只是，威廉二世的海外擴張計畫並未獲得成功。

也談現代性的韋伯

這裡，或許我們可以回想一下末代德意志皇帝兼普魯士國王腓特烈・威廉・維克托・阿爾貝特・馮・普魯士（Friedrich Wilhelm Viktor Albert von Preußen, 1859-1941），他於一八八八年到一九一八年期間在位，史稱威廉二世（Wilhelm II）。威廉二世在位期間，大師韋伯（一八六四～一九二〇）的年紀在二十四歲到五十四歲之間，如先前在本書第一章，也就是〈洪鎌德〉專章提到的，韋伯對於俾斯麥只想稱霸歐陸如此欠缺企圖心的想法感到不滿，不過，後來威廉二世取得權力之後，俾斯麥當然也就無力再左右威廉二世了。韋伯內心的想法是與英國結盟，並且在國際政治圈裡爭奪話語權，當然，這不容易，威廉二世也沒有達成此目標。韋伯應該知道德國陸軍一九〇八年時將馬克沁機槍作爲基本配備，威廉二世也的確將其重心放在海外殖民地的競爭上，從這一個角度來看，韋伯對威廉二世應該有較少的微詞，如果與俾斯麥相較的話。

這裡，我們還得再借用一下紀登斯的「現代性的制度性維度」之軍事暴力的概念，如果「現代性」（之部分）還得靠軍事武裝力量的支持的話，那麼馬克泌機槍的出現，以及威廉二世第一次看到馬克沁就愛上了它這件事，相信大師韋伯應該會感到很高興才對，因爲威廉二世快速地將馬克沁機槍列爲德軍之標準配備。然而，韋伯認爲最重要的是，與英國結盟，因爲韋伯內心希望德國能像英國[24]一樣，能稱霸全球。只是，威廉二世也難以達到這樣的目標。

事實上，韋伯也談現代性，只是人們較不熟悉這樣的議題而已，對於韋伯的論點，學術界相對熟悉的，總是與「價値中立」、「學術是一種志業」、「經濟倫理」與「理念型」的執簡馭繁之能力等。但如果我們再回想一下韋伯的資本主義，或是「現代」資本主義的話，那麼韋伯的「現代性」裡頭會有什麼呢？吾人以爲，應該會包括新教倫理、天職說、（現代）簿記、理性化、法理型支配（但韋伯希望看到的是卡理斯瑪的領袖人物）、（現代）官僚體系等，另外再加上馬克沁機槍，因爲韋伯心目中理想的德國必須在國際上有話語權，必須向海外擴張，爲此，德國最好能與英國結盟，韋伯如此堅信著。吾人以爲，韋伯之「現代性」的部分總是爲人所忽略，畢竟大師韋伯如何能與「海外擴張」侵略他國領土有任何干係呢？當然不行。所以，紀登斯的確也沒有這樣做。

看到了韋伯的「現代性」之隱喻後，還眞是讓人覺得意外。此時，讀者可能開始爲韋伯的「國族主義」傾向感到憂心，畢竟大師的道德標準應該比尋常百姓要高一些的，但完全沒有。

新教與資本主義

紀登斯之大作《資本主義與現代社會理論》採取了看似中立的「不批判」態度來進行寫作，再加上紀氏爲馬克思、涂爾幹與韋伯，奠下了三位古典社會學大師的地位，由這兩個理由來看，我們幾乎可以認定紀登斯在該書所呈現的觀點與論述，讀者可以視爲都是馬氏、涂氏與韋氏所原有。然而，謝某認爲這些觀點與論述的選擇、分析與解釋不可能與紀氏無關，因爲它們都是透過紀登斯的眼睛所看到的，然後再用紀氏的話所表達者，再加上紀登斯（可能）知道三大家的論述之問題所在，但卻不指出，吾人以爲，若我們將書中的看法視爲紀登斯所認同者亦無不可，而且謝某已打算這麼做。以下，再分爲幾個小節討論，包括新教與經濟理性、清教精神、不談「精神」的資本主義，以及天職觀與資本主義之間的關係等。

新教與經濟理性

紀登斯為了重新詮釋社會學古典理論家馬克思、涂爾幹以及韋伯三位大師級人物，當然不可能不對韋伯生前出版的唯一著作——《新教倫理與資本主義》——花費相當的心力，吾人以為其中有一段不算短的解釋裡，紀登斯總結道：

韋伯在《新教倫理與資本主義》一書中一開始便用一個統計事實來作解釋：在現代〔指十九世紀末與二十世紀初的〕歐洲，「商業領袖、資本所有者以及高級熟練工，甚至還包括現代企業中受過高等技術和商業訓練的人員，絕大多數都是新教徒」，這不只是一個當代的事實，也是一個歷史事實：追溯社團組織的歷史，可以看出，在十六世紀早期的一些資本主義的早期發展中時，新教徒的勢力很強大。這種現象可以這樣解釋：在這些發展中心出現了與經濟傳統主義決裂的現象，這也就形成了對一般傳統，尤其對舊有形式的宗教制度的揚棄。但是，這種解釋經不起仔細推敲。把宗教改革（the Reformation）看成是擺脫教會的控制，這種看法是相當錯誤的。事實上，天主教對於日常生活的監管很寬鬆：新教運動呼籲人們接受一種比天主教要求更加嚴格的行為規範。對於新教十分嚴厲的態度——這種現象在加爾文教（Calvinism）〔喀爾文教〕中尤其突出。因此，可以得出結論，我們如果想要解釋新教與經濟理性（economic rationality）之間的關係，就必須認識新教的特殊性[25]。

上述這一段話，紀登斯給我們的「結論」是：先認識新教的特殊性之後，我們將可以看清「新教與經濟理性」二者的關係。唸過韋伯的《新教倫理》這本書的讀者應該會知道，這是指新教的現世禁欲主義，更具體地說，韋伯認爲新教徒的生活受到天職說的指引，終生努力於本業，並且拒斥物質的享受，賺錢的目的是爲了榮耀上帝，順便證明自己是上帝所選，即使在無法百分之百確定的情況下。是故，新教倫理與經濟理性的結果是，新教徒快速地累積了第一桶金，再投資於其他（更）有利可圖的事業上，於是資本主義在不知不覺得情況下產生。重點是：韋伯打算告訴我們的是，他的研究指出了，一種有別於天主教的宗教倫理，而且是十六世紀初馬丁路德等人改革之後的新教才有的經濟倫理，與資本主義的興起有關。

紀登斯在詮釋韋伯的過程中，對於其他學者誤解韋伯的解釋仍會給予「批評」，雖然，其《資本主義與現代社會理論》一書對於古典三大家的理論基本上僅僅是詮釋而不做批判。例如，紀氏認爲不能將宗教改革視爲試圖脫離教會的控制，因爲天主教對於教徒日常生活並未嚴格地監管，新教運動其實要求教徒接受並服從更嚴格的行爲準則。是故，上述的新教與經濟理性的關係，的確是韋伯學說重中之重，紀登斯與韋伯大多數的支持者一樣，是站在贊同之立場，否則的話，就讓人難以看出紀登斯的目的了。於是，我們可以這麼說，韋伯也好，紀登斯也好，都認爲新教與經濟理性的關係與資本主義的財富積累有關，當然，這樣的觀點，在熟知韋伯宗教社會學的學者來看，並不讓人感到意外。

再換個角度來說，韋伯的看法是，要瞭解資本主義（精神）的話，就應該找到一群人不斷地在累積資本，要知道這群人爲何要這麼做，就應該從宗教倫理開始著手。而且，我們不應該忘記的是，十六世紀初期宗教改革開始了，當然，這是一段長時間的過程，並不容易找到一個確定的時間點，然而即使學者對宗教改革何時開始的看法不一，但最遲應該不會晚於十六世紀中期才對。既然韋伯的《新教倫理》所關切的是資本的累積，也許我們可以看看遙遠的東方（中國）所發生的事，那兒的商人——陝商（陝西商人）——在沒有聽過宗教改革、新教，更不可能知道所謂的新教倫理的情形下，他們是如何累積其資本？況且，十六世紀初期之後，他們累積的資本，應該不會比新教徒還少，這是說，在沒有一種宗教倫理的情況下，人們還是可以累積資本，無論是什麼原因促成他們的行動，而且讓商人們樂此不疲。

總而言之，新教被韋伯與紀登斯認爲與資本主義的出現（與發展）有關。更重要的是，除了新教經濟理性之外，韋氏與紀氏二人都排除了其他可能讓資本主義出現的因素。

明示也好、暗示也罷，除了清教精神，其他的因素都不可能對資本主義的興起有幫助。

關於清教精神

紀登斯以下的說法，事實上，已經認同韋伯的論點，那就是：清教精神是「現代」資本主義之必要因素，只是在「現代」資本主義發展起來了之後，原先必要的精神，在某段時期裡逐漸被遺忘了。然而，這樣的論點，吾人以爲，紀登斯是在「偷渡」韋伯的想法，讓讀者以爲，在「現代」資本主義興起之前，人們必然會先發現某種精神，而這種精神可以幫助資本主義的產生，也就是說，研究者若是想要知道資本主義的模樣，那麼一定得先找到資本主義精神才行。雖然，紀登斯在其大作一開始的時候，即說明了自己對古典社會學巨擘之論點不採取批判的態度，或許因爲這樣，吾人讀起來總覺得紀登斯隱隱約約地在贊同韋伯的想法，並且紀登斯似乎也只能如此，否則若是對韋伯的論點持反對意見的話，又如何能持續地談論韋伯之「眞知灼見」呢？基本上是不可能的，因爲紀登斯若是不同意韋伯所言，就不會忍住不說明自己相異於韋伯的看法。是故，大抵上，在紀登斯這本完成於一九七〇年代初期，膾炙人口的傑作之中，對韋伯的論點是予以支持。

紀登斯提到：「有一種觀點認爲，一旦現代資本主義運行體系廣泛地建立起來了，清教精神就是其中所必須的因素，韋伯對此謹愼地加以否認。相反，《新教倫理與資本主義精神》中有一個明確而具體的結論：雖然清教徒因其宗教信仰中的天職觀念而工作，但實際上是資本主義勞動分工的專業化使現代人不得不如此。」[26]這段紀登斯短短的幾句話當中，吾人以爲有以下幾個重點值得討論，第一，資本主義精神在韋伯的學說當中，紀登斯認爲不太重要，因爲這種「精神」只是資本主義「運行體系」必要的因素之一，所以還需要有其他的因素配合，這是紀氏認爲不重要的原因；第二，雖然「精神」只是重要因素之一，但是吾人以爲，韋伯總是想讓我們知道，沒有「精神」就沒有資本主義，那麼，在這樣的條件底下，事實上，「精神」對資本主義的興起就非常重要了，而不是紀氏認爲的不重要；第三，紀登斯試著告訴我們，「勞動分工的專業化」對韋伯的資本主義具有重要性，然而事實是，韋伯對於專業分工這個議題所產生的興趣，遠遠不如英國的亞當·斯密（Adam Smith），雖然吾人相信韋伯不會不知道專業分工在「現代」資本主義的重要性。

第四，專業分工不會只發生在「工業主義」（或工業革命）之後，早期的手工業時代，同樣有勞動分工的情形，只是沒那麼複雜而已。此外，因爲分工，一項產品可能由一組人員共同完成，同組人只要在有一、二人請假的情況之下，就會影響該產品的出貨量，這種因爲專業分工而形成的合作生產方式，組員會因爲同儕壓力而努力於自己的分內工作，這與某種宗教倫理應無直接關聯。尤有甚者，在天職觀的影響之下，信徒在日常生活當中，極可能產生「視勞動爲義務」——資本主義之特性——的想法，誘導信徒努力於工作，此種特性，在韋伯認爲不可能產生資本主義的「傳統」中國卻同樣可以找得到[27]，可惜韋伯及其眾多東方（中國）的支持者都看不到這樣的事實。簡單說，專業分工不只在「現代」資本主義裡才能看到，而且資本主義精神在儒教影響下的中國同樣存在。韋伯堅信的論點，即西方之所以爲今日的西方，是因爲十六世紀宗教改革之後，他在一群新教徒身上發現了資本主義（精神），而這正是西方以外的國家所沒有辦法產生的[28]。

第五，吾人以爲，韋伯犯了個小錯誤——與其他本系列提出的質疑之處相比——也許可以在這裡略微討論。紀登斯上述這幾句話裡提到了，清教精神是資本主義必要的因素，不管這種精神後來到底怎麼了。親職是一種本能，爲人父母者應該會用盡自己的力量來照顧下一代，通常是毫無怨言，每年五月的第二個星期日是母親節，相信大家在這一天對親職這兩個字有更深的體會，當然八月八日父親節也有，但程度比母親節低一些，因爲父權社會不容許雄性動物之間表現出過多親暱的感情。簡單說，韋伯說的某種精神可以是資本主義興起的原因，但這不能排除其他因素，像是平日就可以發現的親情，即使產生的動力很微小，不也可能促進資本主義的產生嗎？的確可能。那麼，奢侈品呢？通常奢侈品的高毛利會讓商人與冒險家兩種身分重疊在一起，而且從事這種冒險生意的人，很可能比在當地做點小買賣的生意人對資本主義更具貢獻。

不談「精神」的資本主義

雖然不談「精神」，同樣可以為資本主義說出一番道理來，但是為了與韋伯及其支持者對話，我們不得不暫時假裝某種「精神」對瞭解資本主義是有幫助的。

這麼說，清教徒也好，小麥商人也好、遠洋貿易商人也好，對資本主義都有幫助，似乎不必一定得先有某種宗教倫理在心裡作祟，才足以讓人賺了錢之後，唯一想做的事就是賺更多的錢，這可能是資本主義的本質，根本不需要其他理由。現在，謝某還想做一件事，那就是用別人的資本主義的定義，來評論韋伯的資本主義（精神）。當然，這樣做不必然沒有爭議之處，不過，暫且容許謝某在這裡略作嘗試看看。現代世界（經濟）體系（The Modern World-System Theory）大師級人物的喬凡尼·阿律奇（Giovanni Arrighi）曾經相當認同費爾南·布勞代爾（Fernand Braudel）對於資本主義之三層結構的定義。阿律奇這樣說：

布勞岱爾所構思的資本主義是三層結構的頂層——在此結構的所有層級之中，上一個層級無法在缺乏下一層級的情形下存在，亦即上一層級依賴下一層級。〔在這個三層的結構體裡〕最低的層級是那個極原始的、多爲自給自足的經濟，用較妥適的方式表達，則爲物質生活〔material life〕……在〔這底層〕之上，來到另一個叫市場經濟〔market economy〕的地帶，在此，在不同的市場之間伴隨著水平式的溝通交流：在某種程度上，供給、需求與價格得以自動協調。接著，更上一層，來到反市場〔anti-market〕的領域，這兒由巧取豪奪的巨賈依循由叢林法則經商營富。一如往昔，無論在工業革命業已誕生與否，這裡就是眞正資本主義的家[29]。

這個由布勞岱爾構思出來的三層結構，也就是「物質生活—市場經濟—資本主義」，頗令筆者信服，阿律奇也是[30]。資本主義是位在第三層，是最高的一層，然而，沒有最底層的物質生活與中間第二層的市場經濟，資本主義亦不可能存在。這裡，布勞岱爾的意思是，資本主義這個概念是最高層級的「反市場」領域了，在此只有少數幾個強大的競爭者得以存活，壟斷（monopoly）的力量在操控著市場，所以是反市場。換句話說，爲數不多的廠商（商人、業主）有辦法控制、操縱某種或某些商品的來源、通路甚至價格，也就是展現其壟斷力量，這就足以證明資本主義的存在，因爲這正是阿律奇在這段話所提，在叢林法則下，只剩下大的掠食者（資本家）遍地遊行，等待獵物（利潤）上門，並且這種說法同時適用於工業革命之前與之後。

這麼說，韋伯用其統計資料告訴我們，新教徒有許多有錢人，但這裡可能有幾個問題解決不了，或充其量只有部分解決而已。其一，這些有錢的新教徒可能是改信新教之前就已經是有錢人了，不是信了新教，努力工作才累積了資本，這個可能性韋伯根本無法排除；其二，如果韋伯得以與布勞岱爾對話，那麼韋伯應該會瞭解到處於物質生活，再加上一點市場經濟活動就組成這個新教家庭每日的生活了，這樣的新教徒人數或許不是太多，也或許還會比信其他宗教者更少，但是其禁欲主義仍在，爲什麼呢？因爲他們的可支配所得已經太少，根本不必禁欲，就「可以」過著無法享受物質生活的日子；其三，韋伯的清教精神事實上可以發生在三層結構的任何一層，不必然只在最高的資本主義那一層，當然我們知道韋伯因爲其家世背景，可能與第三層信奉新教的商業人士相對熟悉，這樣的「抽樣」方式可能導致研究者——韋伯本人——看不清總體的面貌；其四，雖然人們同樣生活在資本主義運行的制度之下，但是三層結構裡的人們參與經濟活動的程度不同，所以分處於不同層次的人民，在自己的生活當中，傾向與自己「門當戶對」的朋友相處，而在經常的互動當中，與同儕之間比較的心總是無法抹除，一旦有比較，就會產生虛榮心，即使新教徒們是願意遵守禁欲主義的規範。但問題是，信徒在社會行動的時候，其動機裡經常同時包括了禁欲主義與虛榮心，但韋伯將所有的原因（幾乎）全部都看成是因爲新教倫理的影響，這種說法不具說服力，因爲人的行動通常有複雜的動機，並且總是只說出好的動機。

以上，在紀氏不願意（或不想）批判韋伯的情況之下，筆者謝某替紀氏代勞了，對於韋伯的看法給予批判的意見。接下來，我們再看看天職觀與資本主義二者之間的關係。

天職觀與資本主義

紀登斯引用了韋伯的話，說明清教徒的天職觀只是讓信徒們努力於工作的原因之一，並且早在一個世紀以前，韋伯還在世的時候，他就已經看到清教徒的那種精神——具體而言資本主義精神——早已蕩然無存了。韋伯如是說：

> 自從禁欲主義企圖重塑世界，而且要在世界上獲得成功以來，這個世界的外在財富就獲得了一種日益加強而且最終無法阻擋的力量，它史無前例地影響著人的生活。如今，這精神已從牢籠（*Gehäuse*）裡溜走了——它是否永遠走了，誰知道呢？但無論如何，勝利的資本主義因爲建立在機械的基礎之上已不再需要禁欲精神的支持了……天職中的義務觀念也像逝去了的宗教信仰的幽靈一樣，在我們的生活中徘徊[31]。

不過，筆者謝某以爲，韋伯堅信的資本主義得以興起的「精神」，仍然不應該像韋伯心裡所想像的那般重要，而且「天職中的義務觀念」也不會是每位新教信徒終其一生都會信守的。

總而言之，韋伯過度偏重於某種精神對資本主義的影響，但事實上，沒有人告訴我們，為什麼瞭解資本主義之前，一定要先找到資本主義精神呢？現在，謝某又有一個不怎麼學術的問法，那就是：難道我們想弄清楚女性主義之前，一定要先找到女性主義精神嗎？學術界研究女性主義的學者應該不在少數，吾人懷疑，真有人會先去找一種精神，一種會引發女性主義的精神嗎？應該沒有，因為聽起來很奇怪。只是，同樣的邏輯用在大師韋伯的資本主義與其精神，大家都不覺得奇怪，而且相信了一個世紀之久，相信如果要懂資本主義的興起與發展，一定要先找到資本主義精神，並且這種精神只有西方才能發現，其他的地方都沒有，韋伯是這樣告訴我們的，其支持者更是從來沒有懷疑過大師韋伯所說過的隻字片語。於是乎，學術界的確花了不少時間在尋找資本主義精神，有人說，日本好像在武士這個階層藏有資本主義精神，難怪日本得以進入已開發國家之林；後來，又有人說了，一九七〇年代末期、八〇年代初期的東亞四小龍也發達起來了，一定是這些小龍們找到了資本主義精神；再後來，更有人大聲疾呼中國改革開放獲得成功，一定是阻礙資本主義精神的障礙——具體而言是傳統價值——在文革期間被掃除殆盡了，中國經濟成長才能突飛猛進[32]。聽起來，還真是不可思議。

在上一段韋伯所說的論點當中，吾人想對韋伯及其廣大支持者——當然包括同樣不甚懂得東方（特別是中國）的英國大學者紀登斯——提出的疑問，其一，除了生活必需品，像是鹽、糧食等，以及不合法、不道德，但超高毛利的鴉片與奴隸貿易之外，長途貿易通常會選擇高毛利的奢侈品，像是絲、茶、瓷器、香料、貴金屬等，高毛利商品的交易就足以誘發人們的冒險精神，而不必一定得找到像是新教倫理或類似於新教倫理那種在現世禁欲的精神，過去——特別是上個世紀八〇年代初期，亞洲四小龍，包括香港、新加坡、南韓與台灣，同處於儒教影響的區域，不少學者為了解釋小龍們的經濟起飛背面的原因，的確花了不少時間再找類似於新教倫理的經濟倫理，這些學者都忘記了，即使有一群人同樣擁有一種有利於資本主義發展的倫理，也還需要其他條件的配合，這種「必要的」倫理早就已經存在了，但不一定隨時都能起作用[33]。簡單說，經濟發展的原因複雜，即使研究者看到了某種精神或經濟倫理，幫助也不會太大。

其二，韋伯認為當資本主義獲得勝利之後，新教倫理的禁欲精神就不再需要了，屆時，天職觀念也就像是幽靈般地徘徊著，換成了專業分工在驅動人們向前行。此時，如果我們不對紀登斯對韋伯的詮釋發表質疑的話，那麼我們就得接受資本主義的興起必然與某種宗教倫理有關，而且這種倫理只能在歐洲發現而已。稍後，我們將在分析中看到，明朝（一三六八～一六四四）初期時，政府一項開拓邊疆的政策也對資本主義有幫助，因為它讓不少的陝商成爲富商巨賈，就像韋伯所知道的富有的新教徒一樣，而且這資本主義還是紀登斯的「現代」資本主義，並且這項政策的制定與實行是早於歐洲的宗教改革。除了紀登斯上述會誤導讀者相信某種精神是資本主義的必要條件這種論述，尙有一個問題需要予以解決，那就是韋伯告訴我們，而且紀登斯也不反對的論點：資本主義發展到一定程度時，某種精神——具體而言是新教倫理，或稱爲新教經濟理性——就不再需要了，但事實上，整個十七世紀信奉喀爾文教派的荷蘭商人，與十八世紀信奉英國國教的英格蘭商人，對於全球奴隸貿易可是費盡心力地想壟斷它，另外，十九世紀中葉英國商人（崇尙自由民主的法國人後來也加入）在廣州販賣非法鴉片，韋伯以爲這些信奉新教的荷蘭人與英格蘭人心中早已沒有禁欲精神，但吾人以爲一定還有些商人一邊從事不道德的貿易，一邊不享受物質生活，只爲了賺更多錢來榮耀上帝，而且這些人都還或多或少地保留著資本主義精神，也就是禁欲的理性主義。

其三，西方學者，譬如「古典社會學」時期的韋伯與「當今社會學」時期的紀登斯，爲資本主義加上「現代」二字，似乎加上了「現代」二字就可以擺脫西方列強在先前數個世紀在全球各地進行的「不理性」活動，像是利用軍事暴力爭奪殖民地，特別是在拉丁美洲、非洲以及南亞[34]。軍事暴力這個要件，是紀登斯所謂的四個「現代性的制度性維度」之一，也就是說，紀氏建議我們，若欲瞭解「（西方）現代性」就應該花點時間在歐洲軍事力量的分析上，謝某十分同意這樣的說法，在馬克沁機槍那一小節中，我們已經看得很清楚軍事暴力在歐洲「現代性」所扮演的重要角色。

其四，不是先得找到某種精神，才能夠累積資本，明朝初期一項政府開拓邊疆的政策也可累積資本，我們以明清中國的「天下第一商幫」陝商（陝西商人）爲例，這是中國三大商幫，包括山西的晉商與安徽的徽商之外的另一個商人集團。關於陝商，我們在接下來的章節將立馬討論之。

不懂新教經濟理性的陝商

不曾受過新教倫理的陶冶，距離歐洲遠在數千里之外的陝西商人，不可能懂得新教「獨特的」經濟理性，但這樣的一群人卻成爲明清中國（一三六八～一九一一）天下第一商幫。以下，分爲幾個小節討論，其一，明初以後陝商的資本積累；其二，開中法之下的鹽與糧食之運輸；其三，茶葉與棉業；其四，社會（科）學的小小誤會等。

明初以後陝商的資本積累

被韋伯說成了停滯的「傳統」中國，有幾個朝代的國祚都相當長，以近現代中國爲例，像是宋朝（九六〇～一二七九，計三百十九年）、明朝（一三六八～一六四四，計二百七十六年），與清朝（一六四四～一九一一，計二百六十七年）等，王朝的壽命超過了兩百年，甚至長達三百餘年。在大多數的時候，大師韋伯說了算，倒也沒有太多人懷疑過，爲什麼這種被看成是「停滯的」、「倒退的」與「落後的」朝代，它們卻有能力可以延續這麼久，那麼可想而知中國周邊王朝的國力一定更弱了，否則的話，在那麼沒有國際法的狀況下，外族只要入侵中國就可以拿走絲綢、瓷器、棉花與茶葉等高階產品，與金銀財寶，那麼早就被稱爲「夷人」的他們又何樂而不爲呢？當然，外族的確也入侵過，但後來又回到了他們的土地，看起來，中國並非如韋伯想像中虛弱。這裡，我們以明朝來當例子，看看當時的有錢人到底有什麼動機去賺大錢，在沒有韋伯所謂的救贖宗教與內心緊張性[35]，也沒有所謂的類似新教的經濟理性[36]的條件底下。

這裡，我們選擇明朝來當作例子，因爲明朝中期[37]（一四六一～一五五二）左右，也是歐洲宗教改革的時候，那時候，韋伯告訴我們資本主義精神在歐洲的一群新教徒身上被他發現了，大約在後期時，資本主義在歐洲產生了，因爲先有了精神之後，再加上歐洲「獨特的」條件之配合，資本主義的發展愈來愈好，十八世紀末之後，工業也愈來愈發達了，軍事工業也是，其他地方——也就是歐洲以外的地區——慢慢就比不上擁有「現代性」的歐洲了，這些歐洲以外的地區因爲落後，再加上人民野蠻，所以需要馬克沁機槍來對付他們，讓這些沒水準的、或水準永遠趕不上歐洲人的，且完全不懂「現代性」的野蠻人吃一點苦頭才對，至少邱吉爾曾經這麼認爲。所以，韋伯想與英國人結盟在國際上占據一席之地，但第一眼就愛上馬克沁機槍的威廉二世卻怎麼樣也無法達成這個目標，相信這位國王應該讓韋伯傷透了心，於是，這（可能）讓韋伯的心情變得更不好了，需要更多的時間赴國境之南調理身子。我們則利用韋伯在調理身體時，花點時間先看一下陝商如何累積其資本。

開中法：鹽與糧食的運輸

大明王朝才剛成立的第三年（洪武三年，一三七〇年），政府應該沒有經費將糧食送到遙遠的西部邊地，所以鼓勵商人運輸糧食至邊塞，向政府換取鹽引，並且給予食鹽販售的資格。一三七一年明廷訂定「中鹽例」，其中規定了運送糧食的數量與換取鹽引的比例，後來鹽商有感於長途運糧的成本太高，於是直接於邊區僱傭勞動力開墾田地、生產糧食，再向政府換取鹽引，此爲「商屯」。後來，不只是糧食的運輸可以換取鹽引，布料、馬匹與銀兩都可以換取鹽引謀取利潤。開中法（開中制）至明中葉以後，弊端浮現，豪族納糧占有鹽引、賤買貴賣，破壞開中制度，但此制終明一朝並未廢除。漫長的週期使成本大增，只有富商巨賈才有能力周轉資金，小商人無力競爭，其實這是布勞岱爾所說的「反市場」，資本主義三層結構的最上層壟斷，不就是資本主義嗎？當然，用另一學者的定義來「指責」韋伯對資本主義（＝理性化）的看法或理解似乎有欠缺妥當之處，然而布氏所談的只在資本主義才看得到的壟斷現象，不也是韋伯的「理性化」，與效率的最佳展現嗎？應該是。總體而言，開中法至少在實施的初期確實起了作用，邊塞糧食得到了補充，但隨著鹽商的壟斷——資本主義的「反市場」[38]現象與公私部門之難分難解——弊端日異突顯，後來亦得進行改革。

秦朝（西元前二二一～二〇六）稱爲雲陽縣的涇陽（與三原）是中國西北「茶葉、水煙、布匹、皮貨和藥材五大加工運總匯」，並且一直保持其優勢地位，擁有「中國西部華爾街」之榮銜，除此之外，商人亦利用茶葉來交換西北地區的馬匹，這是所謂的「茶馬交易」。簡單說，涇陽在明清之際的五百年間，一直維持住其「西部經濟中心」[39]之地位，因爲其優越的地理位置，遂成爲溝通南北貨物製作、裝載與轉運的重要樞紐。明朝初期（約在一三六八～一四六〇之間）時，政府在陝西推行開中制，讓涇陽既有的優勢得到更大的發展，陝商聞風而動並且妥善地運用此項新的邊塞開發政策，運送糧食換取鹽引以求取更高的利潤，不少商人的確因爲此項政策而成爲巨賈。例如，涇陽的商人「通過輸糧邊關，通引淮揚而成爲揚州的大鹽商」。大商人張旭「從天順八年（一四六五）至正德八年（一五一三）的四十二（？）年中，在甘肅河肇地區經營邊餉，生意日茂」[40]；涇陽商人趙裕「早年是做糧食生意的，由於響應明政府輸糧助邊的號召，運糧食財到邊關換取鹽引，再到揚州支鹽，發了不少財，原為積財萬貫的大鹽商，發財後專門投資翻修了揚州大明寺，大雄寶殿，今天還香火繚繞」[41]。可以看出，這一項十五世紀開發邊塞的政策，也可以讓商人變成富戶，更有機會壟斷糧食、鹽等商品之買賣，而且商人也不可能將經常交易的商品限定在這兩個項目而已，同一趟旅程，只要利潤還可以的話，能多載也就能多賺。

茶葉與棉業

以茶為例，自明代中葉（約一四六一～一五五二間）開始，涇陽就已經是西部茶葉的加工運販中心，可以想見的是，陝西經營茶葉的大茶號都設在涇陽。春天一到，各分號都得派人到湖南安化去收購茶葉，裝船經洞庭湖進入長江，再從漢江進丹汕，到了龍駒寨起旱，再利用騾馬馱運到涇陽，撿茶的工人在一萬以上，各分店背廂負貨者亦達數千人。在涇陽經營茶店與茶號者計八十餘家，每家所用人力多至百人，繁忙異常，製茶時整個涇陽城瀰漫茯苓之芬芳，一年下來，每年製作的茶磚在四千一百萬斤[42]。看起來，涇陽的茶葉貿易規模應該不小，壟斷市場的力量也會隨著銷售量與金額的擴大而增加。我們再看看陝商如何在棉花產業嶄露頭角。陝西的布匹商人「在明代了江南棉布市場佔優勢地位，他們縱橫捭闔，多財善賈，出手大方，『關中賈來價更高』，給江南棉紡織業帶來了巨大的市場機會和棉布利潤。以『往日……一日織一匹，贏錢百文[43]』的一般盈利率來匡算，一個布商一次購布『數百萬匹』，則一次帶給江南地區的利潤一個人就至少在十萬兩左右，遂使蘇松『郡人賴人爲業』；『其衣食全恃此』。因而江南人民以視……陝西商人爲衣食父母，『奉布商如王侯，爭布商對壘[44]』……當這些陝西巨商捆載布匹踏上歸途時，留給江南地區棉紡織的是一派繁榮」[45]。另外，陝商活躍時期正是日本與美洲白銀大量輸入中國之時，陝商經營的「西北地區市場網絡體系，每的『走鏢』之期，從西北各地流入陝西涇陽、三原的白銀就有二千～三千萬兩之巨，佔清代財政收入的三分之一」[46]。這此銀兩大部分落入了陝商的口袋裡[47]。以上數據顯示，明清中國的西部經濟中心涇陽城裡，住著不少巨賈富商，這些人並沒有韋伯所說的現世的禁欲主義，但也累積了不少財貨。而且，這些活躍的有錢人家在累積龐大財產時，宗教改革尚未開始。

綜上所述，除了棉花產業，吾人看到的是明朝初期、中期（大約在一五五二年之前）陝西的商人，部分是資金雄厚的巨賈。這些商人早於韋伯所見之十六世紀宗教改革後富有的新教徒，雖然吾人以爲，新教徒才剛剛因爲「資本主義精神」的感召而努力賺錢，但畢竟還在「起步」階段，所以應該不太可能比天下第一商幫的陝商還有錢。有一定數量的陝商，這一群人不可能產生新教倫理或者類似的經濟倫理，也如韋伯所言，他們內心沒有所謂的緊張性，賺的錢卻未必少於新教徒[48]。

他們爲何可以賺大錢，因爲有開中法，擁有足夠資金，與相當數量的舟車可以用來運送糧食與生活必需品就可以賺錢了，其中有幾位大戶人家，還可能得以壟斷市場，阻止其他競爭者加入分一杯羹，這樣的話，看起來某種精神可能不是如韋伯所言之資本主義的必要條件。

社會（科）學的小小誤會

紀登斯重新詮釋韋伯，但紀氏對於韋伯的新教經濟理性採取的策略是不做批評，當然，紀氏的立場與其他韋伯支持者雷同，充其量只是紀氏的詮釋可能更有說服力而已。不過，相信韋伯不知道的東方（中國），紀登斯也不會知道，因爲不知道，所以他採取不批判韋伯的態度，的確是一項明智之舉。十五、十六世紀的陝商若是原生家庭即是有錢者，那麼，十六世紀富有的新教徒同樣可能在改信新教之前就已經是有錢的家庭了，不是嗎？韋伯與筆者謝某一樣，無法得知這些富有的商人是不是白手起家。在歐洲還有一種可能，那就是：有一群已經很有錢的商人，後來深深受到新教倫理所吸引，因爲新教的教義讓他們覺得有錢人更可能是上帝的選民這種「錯覺」，所以這群原來是「舊教」的信徒都改宗了，而吸引大師韋伯的目光者，恰巧是這一群改信新教的商人，但韋伯卻以爲這群有錢的商人是改信新教之後才因爲新教倫理的天職觀之指引下，努力工作、拒絕享樂、儲蓄後再投資，資本主義在非預期之下產生了，這就是西方領先的主要原因。然而，這應該只是個小小誤會而已，但這個社會（科）學裡的誤會卻被當成了眞理長達一個世紀以上。

本章結語

學者一旦成爲某個領域的大師之後，聲望水漲船高，演講費也是，如果這些都得以在生前發生的話。成爲學術界名人想必是許許多多學術界的高階研究員「日思夜夢（台語）」的事，不過，這樣的事並未發生在大師韋伯的身上。但是，韋伯於德國學術界也絕非像謝某一樣，是一位沒有名氣的泛泛之輩，他在世時，雖然不是家喻戶曉，但也算是個有頭有臉、名號響亮者。

韋伯在離開人世的數十年之後，特別是當代的社會學巨擘紀登斯一九七一年在其大作之中，將韋伯與馬克思、涂爾幹共同列在古典社會學理論三大思想家，至今此三巨頭依然享受著極高的聲望，其著作早已成爲社會（科）學的經典，本章在主文之中並不討論馬克思與涂爾幹兩人的學說，而將重心放在討論韋伯的論述而已，是故，難以避免地，我們又（再）討論到了韋伯的經典作品《新教倫理與資本主義精神》，因爲紀登斯同樣不可能在重新詮釋韋伯的同時，忽略韋伯這部經典之作，對於這大作，雖然人們一談再談，但不談的話，紀登斯應該會引起更多的質疑。

在紀登斯重新詮釋三大家的作品，並且以其所謂的「現代性的制度性維度」來融合馬氏、涂氏與韋伯原本的化約論的觀點之後，我們意外地看到了大師韋伯不只視學術爲其志業、視政治爲其志業，而且韋伯反對俾斯麥只想在歐洲稱霸的念頭，韋伯認爲應該像英國那樣在全球稱霸才對，具體而言，韋伯希望的是，德國能與英國結盟，他更支持海外擴張——也就是殖民主義、帝國主義——爲德國贏得國際政治場域的發言權。威廉二世於一九〇八年已爲德意志陸軍每個連隊都配備了馬克沁機槍，此時，在軍事工業化的過程之中，同時也支持了西方（歐洲）的現代性。吾人以爲，對於這種軍事力量支撐起來的「現代性」，威廉二世與大師韋伯都會全力支持才對。

後來，我們也看到了明、清時期的陝西商人，沒聽過這些人在宗教倫理的驅使下努力賺錢，也沒聽過這些人經常擔心著自己未來，因爲無法在另一個世界活得很好而產生內心的焦慮，於是就想著藉口賺大錢來減輕自己內心的焦慮。然而，數百年來總有一些人成爲富商巨賈，在商場上呼風喚雨，他們的實力已足以壟斷商品的交換，不管這種現象能不能稱之爲資本主義或是其他。這告訴我們，歐洲必須先經過宗教改革才能產生資本主義，其他地區的人們倒是不需要先改變自己的宗教信仰之後，才有機會賺大錢，進而整個社會因爲有錢可以投資於其他部門——包括教育——而一起變得更「理性」一些。這麼說，陝商的故事告訴我們，不一定得先改革宗教之後，人們才能累積賺大錢的基本能力。

吾人以爲，歐洲的經驗雖然寶貴，但似乎不必強迫推銷給歐洲以外地區的知識分子。當然，如果這些地區的讀書人總喜歡將歐洲的經驗視爲人們共同的珍貴遺產的話，那又另當別論了。

◆註　解◆

[1] 學術界熟悉第二外語者比比皆是，例如本書第一章所討論的對象洪鎌德教授至少就通曉中文、英文、德文、俄文與日文等，不過，筆者謝某的外語能力實在不好，所以僅能使用華文與英語兩種語言而已。原初，在本書寫作的一開始，謝某還稍微有點企圖心地想要討論日文學術圈的韋伯專家，後來在理解日文時遭遇了不易克服之障礙而作罷，最後只得宣布放棄。當然，能懂兩種語言已經不錯了，因為「比上不足，比下有餘」，這說法也有幾分道理，也是謝某得以維持相對「悠閒」生活的座右銘。當然，如此的話，謝某看起來總讓人覺得不夠積極，實不足以為人師表，這倒是吾人必須承認的事。在此，謝某想要向輔大日文系賴振南教授敬申謝忱，因為他願意在翻譯日文原著這份艱難的工作上提供無償的協助。然而，吾人的外語（具體而言日文）能力遠遠低於自己的想像，最後只得作罷。但是，謝某非常感謝賴教授，從其身上清楚地看到了台灣人的良善本質。

[2] Anthony Giddens, *Capitalism and Modern Social Theory: An Analysis of the Writings of Karl Marx, Émile Durkheim, and Max Weber,* (Cambridge: Cambridge University Press, 1971). 本章主要參考上海譯文出版社二〇一三年版（二〇一八年重印）之安東尼．紀登斯（Anthony Giddens），郭忠華、潘華凌譯，《資本主義與現代社會理論：對馬克思、涂爾幹和韋伯著作的分析》（上海：上海譯文出版社，二〇一三）。

[3] 吾人以為，而這正是問題之所在。筆者謝某於今（二〇二二）年出版了《歐洲中心主義與社會科學：挑戰西方至上的舊思維》（台北：五南圖書，二〇二二）。在這本書之中，無可避免地，社會學古典三大家的論述都予以討論了，請參見，謝宏仁，第三章，〈馬克思（Karl Marx）——身在倫敦濃霧裡，哪能看得清中國？〉、第四章，〈涂爾幹（Émile Durkheim）——工業的「現代」西方為全球楷模只是理所當然〉、第五章，〈韋伯（Max Weber）——「沒有歷史的」東、西方歷史比較研究大師〉，頁六九~九六、頁九七~一二四、頁一二五~一五四。

一九七一年紀登斯寫完了這本《*Capitalism and Modern Social Theory*》傑作之後，因為他的寫作目的不在於批判三人，所以，紀登斯應該不太清楚筆者謝某為何要對社會學古典三大家採取批評的態度。簡單說，吾人的看法是：三大家若不是看不起東方（中國），就是不懂東方（中國），或者既看輕亦不懂東方（中國），這是吾人採取批判的主要原因。只是，除了韋伯之外，馬克思與涂爾幹通常不會被認為是早期的中國專家。當然，如本書的副標題——看大師韋伯奈何誤導人類思維——所示，本書的重點仍然將放在韋伯身上。

[4] Anthony Giddens, *Nation-State and Violence* (London: Polity Press, 1985). 繁體中文版，請參照紀登斯，胡宗澤譯，《民族—國家暴力》（台北：左岸文化，二〇〇二）。

[5] 一談到資本主義，馬上讓人聯想到馬克思，事實上，紀登斯告訴我們，資本主義「這一維度的特徵主要是：資本主義企業的激烈競爭和擴張性，持續和普遍的技術創新動力；經濟關係對其他領域的支配；私有財產的基礎性地位；無產者被雇用和被剝削的事實；國家受制於資本積累的動力等」（引自紀登斯，《資本主義與現代社會理論》，第七、八頁）。雖然，紀登斯可能基於「尊重」原著作者馬克思，不做批判性論述，且紀氏可能也未注意到，馬克思很早就注意到資本主義擴張的現象。而這樣的——韋伯也會感到興趣的——海外擴張活動，馬克思的確描述過，或許紀登斯也知道，只是為了要確立馬氏在古典社會學理論這個領域足以成為西方三大家而刻意避免談論西方的不是。事實上，馬克思曾經寫過文章批評大英帝國海軍在一八五〇年代中期未經清廷許可，私自航行於中國內河，藉機引起事端，利用戰爭取得賠款，當時法國與英國「合作」想利用戰爭累積國家資本，這顯示馬克思比紀登斯更清楚所謂的「持續和普遍的技術創新動力」並非資本主義擴張的唯一動力，請參照謝宏仁，第三章，〈馬克思（Karl Marx）——身在倫敦濃霧裡，哪能看得清中國？〉，《歐洲中心主義與社會科學》。

[6] 筆者謝某認為，涂爾幹寫作的目的（之一）意在「證明」工業化的經濟體制，與民主化的政治體制——特別是法國的經驗——是西方領先之有力證明，並且西方將會引領全世界走向一個「進步」的境界。涂爾幹當然沒有證明，因為讀者很難從他的著作中看到東方——特別是中國——如何地落後給西方國家（例如法國），吾人以為，涂氏只是假定如此而已，並且他陶醉在歷史主義與進化論的樂觀氛圍之中。不過，謝某相信涂氏年輕時一定聽過他小時候法國（與英國聯軍）——指英法聯軍，亦稱第二次鴉片戰爭——如何在遠東的中國取得軍事上的勝利，而這與法國的民主政治體制何干呢？馬克思還曾為此戰爭譴責英國人呢！請參照謝宏仁，第四章，〈涂爾幹（Émile Durkheim）——工業的「現代」西方為全球楷模只是理所當然〉，《歐洲中心主義與社會科學》。

[7] 紀登斯，《資本主義與現代社會理論》，第六、七頁。

【8】紀登斯，《民族─國家暴力》，第一四二頁。

【9】William H. McNeill, *The Pursuit of Power* (Oxford: Basil Blackwell, 1983), p. 143，引自紀登斯，《民族─國家暴力》，第一四二頁。

【10】紀登斯，《民族─國家暴力》。

【11】請參照本書〈洪鎌德〉專章。

【12】尼爾．弗格森（Niall Ferguson），《帝國：大英帝國世界秩序的興衰以及給世界強權的啓示》（*Empire: The Rise and Demise of the British World Order and the Lessons for Global*）（新北：廣場出版，二〇一九）。

【13】弗格森，第五章，〈馬克沁機槍的威力〉，《帝國》，頁二八一～三六三。

【14】弗格森，《帝國》，第十八頁。

【15】同前註。

【16】弗格森，《帝國》，第十九頁。

【17】謝宏仁，第二章，〈彌爾（John Stuart Mill）——十九世紀大英帝國殖民主義的化妝師〉，《歐洲中心主義與社會科學》，頁四一～六八。另外，教育部一〇八高中歷史課綱明顯地在附和英國知名學者弗格森的觀點，吾人以為，這對廣大的莘莘學子傷害既深且巨，該部之部長潘文忠應該為此負責，請參照謝宏仁，第十一章，〈弗格森（Niall Ferguson）——為成就一〇八課綱，教育部部長採信大英帝國的謊言〉，《歐洲中心主義與社會科學》，頁二九七～三一七。

【18】關於鴉片戰爭之原委，請參照謝宏仁，第五章，〈鴉片的政治經濟學〉，《顛覆你的歷史觀：連歷史老師也不知道的史實》，增訂二版，（台北：五南圖書，二〇二一），頁二二三～二六六。

【19】弗格森，《帝國》，第二一三頁。

【20】弗格森，《帝國》，第三一九頁。

【21】弗格森，《帝國》，第三三一頁。

【22】弗格森，《帝國》，第三三三頁。

【23】弗格森，《帝國》，第三三四、三三五頁。

【24】這裡，讀者可以回想一下「英國問題」，其大意是：無論如何，韋伯堅持形式合理的法律是進化的最高階

段，是一種可以讓資本主義充分發展的一種制度，但是英國的普通法並不是形式理性的法律，「充其量」只是實質合理的法律而已，還略遜德國的形式理性的法律一籌。這裡，英國的軍事工業化發展得比德國更好，間接地證明了韋伯的「英國問題」的確存在。

[25] Max weber, *The Protestant Ethic and the Spirit of Capitalism* (New York, 1958), p. 35. 引自紀登斯，《資本主義與現代社會理論》，第一六一頁。

[26] 紀登斯，《資本主義與現代社會理論》，第一六九頁。

[27] 請參照謝宏仁，第一章，〈儒教倫理與資本主義精神〉，《社會學囧很大1.0：看大師韋伯如何誤導人類思維》，頁一七~五八。

[28] 紀登斯在其大作《資本主義與現代社會理論》的某處曾經說過，韋伯的《新教倫理與資本主義精神》只是其龐大研究當中的一小部分，紀氏要我們儘可能地「想像」韋伯是一位偉大的思想家，所以，韋伯本人是不會做出一些不具說服力的研究。當然，平凡如筆者謝某，實在不懂為什麼在我們無緣看到韋伯尚未完成的作品的情況底下，還應該如紀登斯建議的那般，最好先將韋伯看成是一位大師級人物，先膜拜之後，所有人不管是不是持不同或相反意見者，都請先離開敬拜所，因為膜拜本身就是有價值的，特別是為大師樹立風範這件事。

[29] Fernand Braudel, *The Wheels of Commerce*, (New York: Harper & Row, 1982), p. 21-2, 229-230, cited in Giovanni Arrighi, *The Long Twentieth Century: Money, Power, and the Origins of Our Times,* (London and New York: Verso, 1994), p. 10. 亦可參照費爾南．布羅代爾（布勞岱爾），楊起譯，《資本主義的動力》（香港：牛津大學出版社，一九九三）。

[30] 之後，特別在二〇〇七年《亞當．斯密在北京》這本書出版之後，因為阿律奇欲證明「傳統」中國就是沒有資本主義，是故，先前他讚賞過之布勞岱爾對資本主義的定義，特別是第三層資本主義，那兒巨大的商賈壟斷著某種（某些）商品的交易，阿律奇在二〇〇七年之後，絕口不提了。這是相對遺憾之處，吾人以為。關於《亞當．斯密在北京》英文版的書目為，Giovanni Arrighi, *Adam Smith in Beijing: Lineages of the Twenty-First Century* (London and New York: Verso, 2007). 另外，對阿律奇論點的批判，請參照謝宏仁，第九章，〈阿律奇（Giovanni Arrighi）──不只亞當．斯密在北京，布勞岱爾也造訪過這個城市〉，《歐洲中心主義與社

會科學》，頁二三九～二六八。

【31】Der Puritaner wollte Berufsmensch sein – wir mussen es sein" (*Gesammelte Aufsatze zur Religionssoziologie*, Vol. 1, p. 203). 引自紀登斯，《資本主義與現代社會理論》，第一六九頁。

【32】關於文革與經濟改革之間關係的研究，請參照謝宏仁，第十四章，〈顧忠華（Chung-Hwa Ku）——中國一帶一路與全球韋伯復興之不可思議的親合關係〉，《歐洲中心主義與社會科學》，頁三八五～四一二。

【33】請參照謝宏仁，《發展研究的終結：二十一世紀大國崛起後的世界圖像》（台北：五南圖書，二〇一三）。

【34】軍事工業化的確是西方「進步」最重要的一部分，筆者謝某看到紀登斯願意在其所謂的「現代性的制度性維度」——包括資本主義、工業主義、監控（例如韋伯的官僚體制）與軍事力量——中加上了軍事暴力這個向度（維度，dimension）是值得肯定的。不過，可惜的是，看起來在紀登斯的《資本主義與現代社會理論》這本書中，紀氏討論這個向度的篇幅應該很小，可能的原因是紀登斯將其重心置於對於古典社會學三大家，即馬克思、涂爾幹與韋伯的理論之融通。或許在紀氏的其他著作之中，可能提出西方列強的優越的軍事力量，然而謝某以為，這樣的機會應該不大，因為假使紀登斯談論太多列強的軍事暴力的話，那麼紀氏的「現代性的制度性維度」中的「制度性」可能會被西方超強的軍事力量所掩蓋，吾人相信這應該是紀登斯不樂於見到者。關於紀登斯所謂的四個「現代性」之「制度性維度」，請參照郭忠華、潘華凌，〈群像與融通：吉登斯〔紀登斯〕現代性思潮朔源（譯者序）〉，《資本主義與現代社會理論》，頁一～十三。

【35】請參照本書第三章〈卡爾博格〉專章。

【36】請參照本書第一章〈洪鎌德〉專章與第二章〈蘇國勛〉專章。

【37】雖然人們說起初期、中期、後期時，通常指的都是粗略的一段期間。但吾人為求「精確」起見，明朝的國祚共計二百七十六年分成前、中、後三段，每段九十二年，初期指的是一三六八年到一四六〇年之間，中期一四六一年到一五五二年，後期一五五三年到一六四四年之間。歐洲宗教改革發生在十六世紀初期，大約是明朝中期這個階段。

【38】資本主義的一大問題是「大者恆大」，這是規模經濟的問題，小廠通常不易與大廠競爭，規模太小的最大問題是缺乏資本，另一問題是人才補充不足，因為大廠商可以因大量購買而取得較低成本的原物料，也就是說，大廠的單位成本比小廠來得低。另外，在人才的取得上，大廠同樣有優勢，因為可以提供較高的薪資與

相對應的聲望。是故，長期下來，小廠的生存空間將愈來愈小，除非政府提出辦法讓中、小企業能在相對有利的條件下經營。

【39】李剛、李丹，《天下第一商幫：陝商》（北京：社會科學出版社，二〇一四），第五頁。

【40】此期間應該為四八年，而非四二年。田培棟，《陝西商幫》（台北：萬象圖書公司，一九九五），第五五頁，引自李剛、李丹，《天下第一商幫：陝商》，第六頁。

【41】潘文偉，《中國商幫》（北京：改革出版社，一九九六），第三六七頁，引自李剛、李丹，《天下第一商幫：陝商》，第六頁。

【42】盧坤，《秦疆治略》（台北：成文出版社，一九七〇），第五頁；劉于義，〈茶馬〉，《陝西通志》卷一一九，陝西通志館藏本，第二七頁，引自李剛、李丹，《天下第一商幫：陝商》，第十頁。

【43】乾隆，《安縣縣志．食貨志》（台北：成文出版社，一九七〇），引自李剛、李丹，《天下第一商幫：陝商》，第一六二頁。

【44】葉夢珠，《閱世編》卷六（上海：上海古籍出版社，一九八一），引自李剛、李丹，《天下第一商幫：陝商》，第一六二頁。

【45】李剛、李丹，《天下第一商幫：陝商》，第一六二頁。

【46】劉邁，《西安圍城詩選》（陝西：人民出版社，一九九三），第一一七頁，引自李剛、李丹，《天下第一商幫：陝商》，第二五九頁。

【47】李剛、李丹，《天下第一商幫：陝商》，第二五九頁。

【48】這裡，韋伯與他的支持者應該會說，單單是會賺大錢的人數多了些，也不能稱之為資本主義。關於此點，吾人亦有話要說，每當我們在東方（中國）發現了原本許多學者以為西方才有的東西，這些學者為了要維持西方的「獨特性」就會試著再去找其他的條件——例如現代國家——來展現西方的「獨特性」，好像西方之所以成為今日的西方，就一定要找到幾個不一定的特性才行，不知道吾人應該稱這樣的「研究法」叫做什麼研究法呢？也許可以稱之為「擠牙膏」研究法，一旦發現例子不適合，再想辦法找一個西方（看似）獨有之物。關於所謂的西方「現代國家」之「獨特性」支持的學者並不少見。不只本章討論的紀登斯討論過，韋伯也試著說服我們，西方的現代國家機器是西方之所以為今日西方的要件之一。此外，世界體系大師級人物阿律奇

（Giovanni Arrighi）也認同韋伯、紀登斯的看法。然而，吾人以為，這種「擠牙膏」研究法並不值得鼓勵。反倒是，無論研究的對象是歐洲（國家或地區）也好、非歐洲也罷，「（一步一）腳印」歷史研究法才是值得推廣的，因為凡走過必留下痕跡。

第五章 總得找回走失的韋伯

一個人不見了，可總得找回來，更何況走失的是這座廟宇原本供奉著三位神明之一，祂們是功績彪炳的韋將軍、涂將軍，與馬將軍。怎麼能說不見就不見了呢！？當然不行。事情是這樣的，這廟座落在南方某座山裡，位於一條叫內單溪的右岸，可以俯視山腳下那小城，視野其實並不壯觀，但還算是風光明媚、景色宜人。過去的五十年香火鼎盛，可以說經營得有聲有色，也許因為這樣，謠傳著紀姓廟公在山下的城裡做點買賣，身旁總是不乏異性友人。韋將軍來自德縣，約莫兩年前，有一位從那兒來的名人，來到這廟裡祭拜，那是韋將軍辭世一百週年的盛大祭典，整個月都有活動，應邀參加者數倍於過往。可是，大約半年之後，韋伯將軍的神像不見了，至今下落不明，城裡為此事議論紛紛。後來，聽說有人在北方曾見過紀姓廟公，當時，他帶兩個包袱，其中一個看起來像是裝有一塊木頭的樣子。

在這最後一個章節裡，原本想要隨性地寫，想到什麼，就寫什麼，原因是前面的章節已拘束自己太久，因爲學術研究的論文，總得讓人看出基本的樣態，不能寫得過於鬆散，最好在爲文之時，還是系統化一點會比較妥當些。那麼以下，我們就勉爲其難地再分兩個小節來談談，不過，就稍微口語化一些了，因爲看到這裡，讀者應該也累了，所以我們再談兩個小節，就關上螢幕，讓大家休息一會兒。我們先談談韋伯先生與普魯士的鐵血宰相俾斯麥之間的過節，接下來，在散場之前，同時身兼編劇、導演與場記的謝某可能還想對觀眾說些什麼？也許是感傷與感謝的話吧！

我們先來瞭解一場私人恩怨。

韋伯與俾斯麥的恩怨情仇

看到這個標題，相信不少讀者會直接聯想到價值中立的問題，不過，這兒倒不是想再一次地重覆先前已經討論過的議題，吾人只想再提一下先前在本書第一章〈洪鎌德〉專章裡所談的問題，也就是韋伯不喜歡俾斯麥（奧托・愛德華・利奧波德・馮・俾斯麥，Otto Eduard Leopold von Bismarck, 1815-1898）這件事。簡單說，韋伯因爲時任首相的俾斯麥阻止社民黨的發展，使得老韋伯無法連任國會議員，單單是這一點，應該已經讓韋伯相當光火了。不只如此，俾斯麥的造艦計畫後來引起了英國的疑慮，讓韋伯與英國結盟的想法頓時幻滅，而最讓韋伯感到不可原諒的是，俾斯麥只想稱霸歐洲，完完全全沒有在海外擴大殖民的意圖，這一點更是讓韋伯提升普魯士國際地位的方法，毫無實現之可能。這麼說，韋伯如果不是對俾氏恨之入骨的話，至少是每當想到俾斯麥這個人，必定是牙癢癢的狀況了。雖然有時候，謝某還想方設法地說服自己要相信價值中立這件事，但吾人相信，韋伯內心想到自己與俾斯麥無解的恩怨時，一定不太適合做研究才是，因爲他根本靜不下來。

人稱鐵血宰相的俾斯麥，理應支持海外擴張才對，不過，俾斯麥考量到列強之間的關係，他發現與英國、法國，和俄國競爭殖民地是不智的，因爲當時俾斯麥希望能夠孤立法國，而且必須同時避免與法國開戰，以免損及國力，於是他儘可能地拉攏英國與俄國。事實上，比起韋伯這個擁有超強愛國心的大師級社會（科）學家而言，俾斯麥對於當時國際關係的理解看起來是比韋伯強了不少，因爲韋伯似乎只是一廂情願地希望德國能像英國那樣，在全球都有殖民地，世界各地可以將財富源源不絕地送回母國。這麼說，歐洲人應該都多少知道一些海外擴張可能帶來的好處，畢竟至韋伯的時代爲止，這檔事已經都經營了三、四百年了，葡萄牙、西班牙、荷蘭、丹麥、瑞典、法國，與英國從中獲利的數量難以計數，就連馬克思都曾爲一八五〇年代中期的英法聯軍（第二次鴉片戰爭）撰文指責英國爲了取得「賠款」而無端發動戰爭，英法兩國的確也取得了利益，俾斯麥怎麼可能不知道海外擴張的好處呢？然而，俾氏決定只在歐洲爭霸是因爲十九世紀後期，幾乎沒有「剩下」的殖民地可以掠奪了，如果德國也將資源用在海外與英、法、俄這種殖民大國開戰，不只是勝負難定，國內的發展也將受限，俾斯麥擔心這些可能發生的問題，於是決定不進行殖民地的爭奪。韋伯則是受到個人因素的影響而不喜歡俾斯麥，怎麼可能贊成俾氏的任何政策呢？除了個人因素之外，吾人認爲韋伯對於國際局勢、地緣政治，與列強之間的角力都不清楚，但卻是個不折不扣的國族主義者，不論後果，韋氏都希望看到與英國結盟，但英國難道會喜歡看到德國日益強盛之後，再與自己競爭那些通常與（紀登斯的）軍事暴力有關的超高毛利行當嗎？當然不可能。韋伯的愛國心讓他產生了一廂情願的想法。簡言之，俾斯麥的考量並非沒有道理，但韋伯希望海外擴張則讓人看不出所以然。

吾人以爲，老韋伯因爲俾斯麥的作爲阻礙他的政治之路，沒能當上國會議員，這件事可能對韋伯產生一些影響。然而，謝某用「瞭悟」的方法得知韋伯因爲他的父親受了俾斯麥的氣，活得並不快樂，於是韋伯對俾斯麥有了不好的印象，對俾氏發展國內先於海外擴張的保守想法更是不屑。可是，後來那位一眼就愛上馬克沁機場的威廉二世，上任不久之後，就想辦法讓俾斯麥自己走路了，海外擴張這件事也得到落實了，結果呢？德國與英、法、俄等國都起了衝突，最終引發了列強之間的爭戰，這不正是俾斯麥極力避免的嗎？正是如此。

散場之前

半個世紀以來，因爲紀登斯爲後來社會學之莘莘學子挑出了三位古典社會學理論大師級人物，韋伯有幸成爲三者之一。課堂上，談到韋伯的學說時，大伙兒總是在讚嘆聲度過，下課聲響起時，按往例，教授帶著學生向投影片上韋伯的巨照膜拜著。過去，這樣的畫面，在社會學界並不陌生。然而，這幾年人們已經開始看到改變的四個跡象了……。

二〇一五年的《社會學囧很大1.0》，監視器上可以清楚地看見，幾位遲疑的學生其動作已經開始跟不上教授膜拜的速度。

二〇一九年的《社會學囧很大2.0》，願意跟著教授一起拜的學生少了，畫面中出現了幾位帶頭的人在鼓動群眾離開會場。

二〇二〇年的《社會學囧很大3.0》，離開的學生在會場的外圍聚集起來了，並開始勇敢地說出他們心中感到懷疑的地方。

二〇二二年的《社會學囧很大4.0》，祭壇上的馬氏與涂氏兩人面面相覷，看樣子在韋伯不見了之後他們也想要跟著離開。

最後一幕停格在……

略顯慌張的教授趕緊指派工作給尚留在原地的十二名學生，要他們從四面八方出發去尋找已經走失的韋伯。教授再三叮嚀學生，千萬不可以把這個消息給走漏出去了，不然的話，社會科學界將會不得安寧啊！噓……

《社會學囧很大》全劇播映完畢，謝謝您的觀賞，我們再會。

國家圖書館出版品預行編目資料

社會學囧很大4.0：看大師韋伯奈何誤導人類思維／謝宏仁著. -- 初版. -- 臺北市：五南圖書出版股份有限公司, 2022.11
面； 公分
ISBN 978-626-343-448-6（平裝）

1.CST: 韋伯(Weber, Max, 1864-1920)
2.CST: 學術思想 3.CST: 社會學

540.2 111016332

1JDZ

社會學囧很大4.0：
看大師韋伯奈何誤導人類思維

作　　者 — 謝宏仁（397.5）
發 行 人 — 楊榮川
總 經 理 — 楊士清
總 編 輯 — 楊秀麗
副總編輯 — 劉靜芬
責任編輯 — 林佳瑩、呂伊真
封面設計 — 姚孝慈
出 版 者 — 五南圖書出版股份有限公司
地　　址：106台北市大安區和平東路二段339號4樓
電　　話：(02)2705-5066　傳　　真：(02)2706-610
網　　址：https://www.wunan.com.tw
電子郵件：wunan@wunan.com.tw
劃撥帳號：01068953
戶　　名：五南圖書出版股份有限公司

法律顧問　林勝安律師事務所　林勝安律師

出版日期　2022年11月初版一刷
定　　價　新臺幣320元

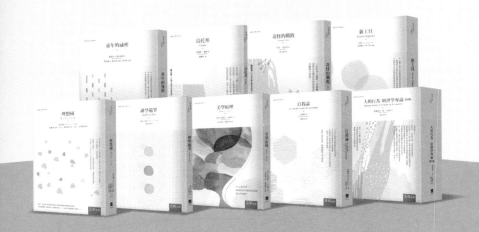